A psicologia no hospital

Dados Internacionais de Catalogação na Publicação (CIP)
(Câmara Brasileira do Livro, SP, Brasil)

Chiattone, Heloisa Benevides de Carvalho
 A psicologia no hospital / Heloisa Benevides de Carvalho Chiattone, Marli Rosani Meleti ; organização Valdemar Augusto Angerami. -- 2. ed. -- São Paulo : Cengage Learning, 2023.

 Bibliografia.
 ISBN 978-65-5558-457-8

 1. Psicologia 2. Psicologia hospitalar e da saúde I. Meleti, Marli Rosani. II. Angerami, Valdemar Augusto. III. Título.

23-146026 CDD-150

Índice para catálogo sistemático:

1. Psicologia   150

Aline Graziele Benitez - Bibliotecária - CRB-1/3129

A psicologia no hospital

2ª edição
Valdemar Augusto Angerami (organizador)
Heloisa Benevides de Carvalho Chiattone
Marli Rosani Meleti

Cengage

Austrália • Brasil • México • Cingapura • Reino Unido • Estados Unidos

Cengage

A psicologia no hospital
Valdemar Augusto Angerami (organizador)
Heloisa Benevides de Carvalho Chiattone e Marli Rosani Meleti
2ª edição

Gerente editorial: Noelma Brocanelli

Editora de desenvolvimento: Gisela Carnicelli

Supervisora de produção gráfica: Fabiana Alencar Albuquerque

Diagramação e projeto gráfico: Alfredo Carracedo Castillo

Digitalização: PC Editorial

Cotejo e revisão: Larissa Wostog Ono, Fábio Gonçalves e Luicy Caetano de Oliveira

Capa: Alberto Mateus/Crayon Editorial

© 2003 Cengage Learning Edições Ltda. Todos os direitos reservados.

Todos os direitos reservados. Nenhuma parte deste livro poderá ser reproduzida, sejam quais forem os meios empregados, sem a permissão por escrito da Editora. Aos infratores aplicam-se as sanções previstas nos artigos 102, 104, 106, 107 da Lei nº 9.610, de 19 de fevereiro de 1998.

Esta editora empenhou-se em contatar os responsáveis pelos direitos autorais de todas as imagens e de outros materiais utilizados neste livro. Se porventura for constatada a omissão involuntária na identificação de algum deles, dispomo-nos a efetuar, futuramente, os possíveis acertos.

A Editora não se responsabiliza pelo funcionamento dos links contidos neste livro que possam estar suspensos.

Para informações sobre nossos produtos, entre em contato pelo telefone **+55 11 3665-9900**

Para permissão de uso de material desta obra, envie seu pedido para
direitosautorais@cengage.com

ISBN 13: 978-65-5558-457-8
ISBN 10: 65-5558-457-2

Cengage
Condomínio E-Business Park
Rua Werner Siemens, 111 – Prédio 11
Torre A – 9º andar
Lapa de Baixo – CEP 05069-010 – São Paulo – SP
Tel.: +55 11 3665-9900

Para suas soluções de curso e aprendizado, visite
www.cengage.com.br

Impresso no Brasil
Printed in Brazil
3ª reimpr. – 2023

Hospital

"Pai Nosso que estais nos céus..."
Nova crise no INAMPS.
Hospitais ameaçam paralisação geral.
Um raio de sol embala as manhãs alegres...
Crise de fornecimento:
faltam desde remédios...
até bolsas de sangue.

"Santificado seja o vosso nome..."
Medicina é a arte de
manter acesa
a chama da vida.
Médicos reivindicam
melhores condições
de atendimento à população...
A saúde é um direito de todos.

"Venha a nós o vosso reino..."
Brasil entre os países
que apresentam os maiores
índices de paralisia infantil.
Governo importa leite
com alto teor de radioatividade.
Agrava-se o problema da falta de remédios.
A saúde não pode ser um privilégio de poucos...

"Seja feita a vossa vontade assim na terra como no céu..."
Planejamento familiar,
a nova preocupação governamental.
E a saúde da população?!?!
A crise hospitalar
é consequência de uma política governamental irresponsável.
Os fatos ocorrem,
são inalteráveis.

"O pão nosso de cada dia nos dai hoje..."
Inanição entre as principais "causae mortis"
nos casos de mortalidade infantil.
A Eutanásia é discutida nos diversos segmentos da sociedade.
E o direito à vida?!?!
Médicos ameaçam greve geral.
A SAÚDE É UM DIREITO DE TODOS.

"Perdoai as nossas dívidas assim como perdoamos os nossos devedores..."
Os lucros hospitalares crescem. Crescem. Crescem...
na mesma proporção
que a miséria que se espraia no país.
SEGURO SAÚDE, a nova modalidade empresarial.
A falta de medicamentos provoca
as primeiras vítimas.
A greve no setor de saúde é parcial...

"Não nos deixeis cair em tentação, mas livrai-nos do mal..."
A humanização do hospital é um sonho.
Sonho, ilusão, digressão filosófica.
A verdade dos fatos: não existe saúde no Brasil...

"Vosso é o reino, o poder e a glória para sempre".
Amém. Amém. Amém. A vida é um sonho.
O hospital a realidade.
A miséria é um farrapo. Nada mais.
Amém.

NA TERRA COMO NO HOSPITAL
Valdemar Augusto Angerami

Apresentação da nova edição

Este livro é, entre as nossas publicações na área da psicologia hospitalar, seguramente, o mais difundido e adotado nas mais diferentes universidades, nos mais diversos cantos do país. E o que é mais lamentável: sua multiplicação se deu pelo recurso de fotocópia. O número de colegas que nos solicitam um exemplar desta obra é incontável. E, no entanto, pelas mais diferentes razões, tínhamos problemas dos mais diversos matizes que nos impediam de republicá-la. Felizmente esses entraves foram superados, e assim apresentamos, a você leitor, esta obra tão querida em novo formato, mas com a sua essência mantida e preservada para fazer dela o sustentáculo buscado por inúmeros colegas para embasar sua prática na realidade hospitalar.

Apresentação da primeira edição

Não era noite ainda e também não era mais tarde. O sol se tinha esquecido um pouco de luz e a vida aguardava o brilho das estrelas: à minha frente a emoção de escrever a apresentação de um novo livro.

Novo livro. Nova vida. Novo alento.

E, desta vez, com a consciência incômoda surgida a partir de outras publicações; o número de profissionais acadêmicos que se direcionam a partir dos nossos escritos.

A dimensão dessa responsabilidade ao mesmo tempo gratificante dá-nos parâmetros da necessidade de um aprumo e perfeição que, seguramente, estamos longe de atingir.

Saio do texto.

E passeio em direção pelos nossos ontens, nas recordações dos vários seminários realizados pelos mais distantes cantos deste país.

Cada canto, cada saudade misturada com a responsabilidade daquilo que foi dito em cada fala, transmitido em cada seminário.

E cada vez mais nos invade a certeza de que, se iniciamos um caminho onde somos seguidos por um número muito grande de acadêmicos e profissionais, igualmente continuamos aprendendo em cada gesto, seminário e reflexão de texto ou atividade realizada.

Somos uma realidade frágil.

Frágil diante da concretude insólita dos modelos teóricos de atendimentos que criamos e questionamos a cada passo, a cada instante. A psicologia hospitalar no Brasil tem atualmente em nossos escritos suas únicas publicações em forma de livro. Este panorama torna tudo que fazemos ou escrevemos base de seminários, simpósios e congressos. Na verdade, estamos simplesmente buscando um caminho alternativo de uma psicologia enraizada em parâmetros teóricos importados de outras realidades que nem sequer podemos conceber.

Fazemos uma psicologia brasileira. Tupi.

Onde o choro, a emoção e o desespero do povo brasileiro não são rechaçados em meras e vãs digressões teóricas.

Limitações, sabemos das nossas.

Não importa, haveremos de aprender com todos que aprendem com os nossos livros.

E somada às homenagens acadêmicas que temos recebido, teremos a certeza de que um novo tempo se inicia no resgate da dignidade humana tão aviltada em nossa sociedade... e na construção de uma psicologia decididamente humana...

Este livro assim é: um pouco do que somos na busca do que desejamos ser...

São Paulo, numa tarde de primavera.

Sumário

Capítulo 1
Elementos institucionais básicos para a implantação do serviço de psi cologia no hospital 13
Valdemar Augusto Angerami

I. Introdução 13
II. Elementos institucionais 13
III. Plano de estruturação do serviço de psicologia na unidade hospitalar 29
IV. Considerações finais 34
Referências bibliográficas 35

Capítulo 2
A criança e a hospitalização 37
Heloisa Benevides de Carvalho Chiattone

Palavras iniciais 37
I. Introdução 37
II. Hospitalização de crianças 40
III. Humanização do atendimento a crianças hospitalizadas 56
IV. Atuação com os pacientes 71
V. Preparação para cirurgia 103
VI. Atuação com as famílias 111
VII. Conclusão 117
Referências bibliográficas 118

Capítulo 3
Suicídio infantil: o desespero humano na realidade hospitalar 121
Valdemar Augusto Angerami

I. Introdução 121
II. Descrição das atividades.. 121
III. O suicídio na realidade hospitalar 124
IV. Os números alarmantes do desespero.....................................128
V. Alguns casos clínicos...130
VI. Considerações complementares 134
Referências bibliográficas 134

Capítulo 4
O paciente em hemodiálise 137
Marli Rosani Meleti

I. Introdução 137
II. Hemodiálise – princípios...138
III. O paciente em hemodiálise... 141
IV. Proposta terapêutica 146
Referências bibliográficas 148

Sobre os autores.. 151

1. Elementos institucionais básicos para a implantação do serviço de psicologia no hospital

Valdemar Augusto Angerami

I. Introdução

Este trabalho tem a intenção de mostrar alguns elementos institucionais indispensáveis para a estruturação do serviço de psicologia no contexto hospitalar. Foram reunidos pontos comuns de outras realidades institucionais visando tornar a análise do hospital abrangente.

Trata-se de um artigo cuja pretensão inicial era ser academicamente didático, mas que apresenta em seu bojo a real complexidade da estruturação do trabalho do psicólogo no hospital.

II. Elementos institucionais

A análise institucional do hospital será dividida em duas grandes partes: a) *Estrutura estática*; b) *Estrutura dinâmica*.

Estrutura estática

A estrutura estática de uma instituição é a sua estrutura física. Ou seja, tudo aquilo que de alguma forma é estático diante de uma análise institucional. Fará parte deste item o número de andares do prédio hospitalar, o número de clínicas, enfermarias, ambulatórios, e assim por diante. A estrutura estática deverá detalhar as unidades de funcionamento do hospital para que a totalidade de sua abrangência possa dar um aspecto amplo de sua estruturação. Para uma melhor compreensão de nossa análise, tomaremos um hospital que será chamado aleatoriamente de *HOSPITAL DA PAZ*. A sua estrutura estática seria assim demonstrada:

Hospital da Paz
Endereço: Rua da Paz nº 00.
Trata-se de um hospital constituído por um prédio de cinco andares.

Térreo
No andar térreo, existe uma recepção onde é prestada informação ao público sobre o funcionamento do hospital. Existe também um ambulatório onde funciona a unidade de pronto-socorro com atendimentos a casos gerais de emergência médica e cirúrgica. Nesse andar, funciona a parte burocrática do hospital: departamento pessoal, tesouraria, contabilidade, administração e diretoria. Ainda no térreo, anexo ao prédio principal do hospital, funcionam os serviços de lavanderia, cozinha, raio X, embasamento, unidade de oxigênio, almoxarifado e setor de manutenção.

1º andar
Nesse andar, funcionam a clínica de ortopedia na ala A e a clínica de traumatismo na ala B. O número de vagas existentes é de 15 leitos para cada enfermaria. Existe ainda um serviço de enfermagem para cada ala, além de uma separação física e de serviços – orientação médica e enfermagem entre as clínicas.

2º andar
Nesse andar, funcionam a clínica de cirurgia vascular na ala A e a clínica de obstetrícia na ala B. O número de vagas existentes é de dez leitos para a clínica de cirurgia vascular e de 20 leitos para a clínica de obstetrícia. Existe um serviço médico e de enfermagem para cada ala com orientação e supervisão distintas.

3º andar
Nesse andar, funcionam a clínica de pediatria na ala A e a clínica bucomaxilofacial na ala B. O número de vagas existentes é de 20 leitos para a pediatria e dez leitos para a clínica bucomaxilofacial. E assim como nas outras clínicas, os serviços de enfermagem e médico são distintos para cada uma das clínicas.

4º andar
Nesse andar, funciona o centro cirúrgico na ala A e a unidade de terapia intensiva – UTI, na ala B. O número de vagas é de dez pacientes na unidade e uma capacidade física para cinco cirurgias simultâneas no centro cirúrgico. Também existe divisão entre o atendimento médico e a enfermagem.

5º andar
Nesse andar, funciona a clínica de transplantes renais e hemodiálise. O posto de enfermagem ali existente atende a totalidade do setor. A coordenação médica também é centralizada.

Os croquis, embora ilustrem com clareza a descrição da estrutura estática, são elementos dispensáveis na análise institucional. A descrição dos elementos pertencentes ao espaço físico deve ser pormenorizada de modo a subsidiar a análise da estrutura dinâmica, por si só complexa.

Estrutura dinâmica

A estrutura dinâmica de uma instituição abrange os processos de funcionamento e as relações interpessoais. É por meio de sua análise que os aspectos inerentes ao relacionamento dos profissionais que atuam na instituição se tornam claros e precisos.

Toda e qualquer transformação do contexto institucional não pode ser realizada sem uma análise criteriosa da estrutura dinâmica. Assim, é nela que devem ser concentrados os esforços para que a análise institucional não se perca em mera digressão teórica.

No contexto hospitalar, a análise da estrutura dinâmica deve ser feita tomando-se cada unidade hospitalar separadamente. Por isso faremos uma análise para a clínica de ortopedia, outra para a pediatria, outra para o pronto-socorro, e assim sucessivamente. Tomemos novamente a nossa organização, o HOSPITAL DA PAZ, e analisemos a estrutura dinâmica da clínica de ortopedia. Teremos então:

Hospital da Paz
Clínica de ortopedia

a. Tipo de hospital
Trata-se de hospital público onde também é exercida a prática acadêmica para os seguintes profissionais: médicos, enfermeiros, assistentes sociais e nutricionistas.

Considerações gerais: ao ser determinado o tipo de hospital, estamos definindo a própria estrutura da instituição diante de seus objetivos. Pode também ser acrescido a este item um breve histórico do hospital, incluindo-se a data do início das atividades, os princípios que nortearam seu funcionamento e o tipo de sociedade estabelecida em sua fundação. Evidentemente que a clínica objeto de análise funciona em consonância com a estrutura maior da instituição. Dessa maneira, o detalhamento desses elementos será, sem dúvida, de muita valia para uma real compreensão da dinâmica da própria clínica.

b. Vínculo da instituição com a comunidade

O atendimento do HOSPITAL DA PAZ destina-se a beneficiários do SUS e pacientes que não tenham recursos materiais.

Considerações gerais: o vínculo da instituição com a comunidade de alguma forma elenca a clientela atendida. Ao delimitarmos a clientela estamos não apenas definindo o tipo de população atendida pelo hospital como também instrumentalizando a forma de atuação de um serviço de psicologia. Torna-se evidente que a partir do tipo de clientela atendida pelo hospital refletiremos sobre a real abrangência dos instrumentos de psicologia junto a essa população. E um direcionamento dos métodos e atitudes do psicólogo fará com que o embasamento teórico de seu trabalho no hospital vá ao encontro dos anseios e das expectativas de sua prática.

Neste item podem ainda ser acrescidos possíveis vínculos do hospital com a comunidade e que transcendam o atendimento ao paciente. Assim, poderemos encontrar casos de instituições hospitalares que promovem bazares beneficentes, quermesses etc. (Embora estas práticas tenham como justificativa a angariação de fundos para a própria manutenção do hospital, ainda assim é importante observar que se trata de vínculo distinto daqueles propostos pela instituição hospitalar como um todo.)

c. Vínculo dos médicos com a instituição

O vínculo dos médicos com a instituição se procede de várias maneiras, a saber:

- *internos: 5º e 6º anistas de medicina. O estágio desses alunos é realizado num período médio de seis meses na ortopedia;*
- *residentes: médicos formados e que estão se especializando na área de ortopedia;*
- *preceptores: médicos que já concluíram o período de residência e que são responsáveis pela supervisão do atendimento dos internos e residentes;*

- *assistentes: médicos que já atuaram como preceptores e que atuam na coordenação com o responsável pela clínica;*
- *responsável pela clínica: médico responsável pelos serviços gerais da clínica.*

Considerações gerais: ao analisarmos o vínculo dos médicos com a instituição, estamos visualizando um detalhe bastante complexo do relacionamento interpessoal do hospital. Esses profissionais, com o poder de que são revestidos no seio hospitalar, são o sustentáculo de toda a estruturação do setor. Dessa maneira, não podemos pensar na sedimentação de um serviço de psicologia e simplesmente ignorarmos a relação médica entre si e com a própria instituição. O papel do médico na instituição hospitalar, por mais que seja questionado, mostra aspectos que precisam de uma análise detalhada para que não se incorra em erro de percepção danosa na estruturação do serviço de psicologia.

Em nossa instituição, o *HOSPITAL DA PAZ*, criamos uma estrutura acadêmica de serviços médicos, o que de alguma forma determina um modelo de funcionamento bastante distinto daqueles apresentados pelas instituições particulares, cujo relacionamento com os médicos é meramente empregatício.

O lucro, no verdadeiro sentido do termo, é o objetivo maior na maioria dos hospitais particulares, num contraponto com os objetivos de um hospital público e acadêmico, que objetiva um atendimento de qualidade à população desprovida de recursos materiais. Embora este aspecto de atendimento público, juntamente com os objetivos de pesquisa acadêmica, na prática seja mero reducionismo teórico, o aspecto do lucro determina uma relação ainda mais desumana na maioria dos hospitais particulares. Isso naturalmente excluindo-se os serviços prestados à camada privilegiada da população, cujo atendimento é pago através de quantias exorbitantes.

O lamentável estado de saúde em que se encontra grande parte da população mostra que a maioria dos hospitais públicos tem como objetivo maior dos médicos a ascensão acadêmica. E isso em detrimento dos serviços prestados à populacão.*

---

* É sabido que a prática acadêmica no contexto hospitalar, na maioria das vezes, é permeada por lutas incessantes de poder. Até mesmo os pacientes são envolvidos nesta disputa irascível, da mesma forma que a própria estruturação do hospital implica verdadeiro desavoramento diante desses atritos que visam única e exclusivamente a escalada vertiginosa em busca do poder atribuído pelos títulos acadêmicos. Ainda assim, lamentavelmente, é no meio acadêmico que os incautos depositam as esperanças de que a saúde possa encontrar escora diante das atrocidades governamentais cometidas contra a população. E na medida

Nos hospitais particulares, por outro lado, até mesmo os salários e as gratificações recebidos pelos profissionais médicos, na quase totalidade dos casos, estão aquém das reais necessidades de uma remuneração profissional digna. E isso desmotiva os médicos em relação aos serviços prestados à unidade hospitalar e, consequentemente, ao próprio paciente.**

d. Vínculo empregatício dos profissionais de saúde com a instituição
Este se dá através de concursos públicos e nomeações governamentais.

Considerações gerais: da mesma forma que a análise do vínculo médico-instituição é de vital importância, o vínculo empregatício dos funcionários com o hospital merece o mesmo tratamento. Os profissionais de saúde viabilizam e realizam os preceitos necessários para o restabelecimento físico do paciente. Dessa forma, de nada nos adiantará um esboço detalhado do corpo médico se igualmente não tivermos claras as mudanças das relações interpessoais da equipe de saúde como um todo.

Embora existam concursos abertos à população especializada para regulamentar a prática profissional dos chamados órgãos públicos, é bastante conhecido o número de pessoas contratadas por meio de apadrinhamentos e conchavos políticos. Esses fatos irão determinar características específicas de funcionamento da instituição, levando tais profissionais, na maioria das vezes, a um tipo de atuação em que a qualidade não é fator prioritário, visto que a contratação não ocorreu por mérito no desempenho da função.

Ao analisarmos esse item, verificamos não apenas o funcionamento de uma unidade hospitalar em um de seus aspectos mais importantes em termos de relações interpessoais, como também a disponibilidade horária para o esboço de trabalhos que envolvam a multidisciplinaridade dos profissionais pertencentes a determinada unidade hospitalar.

---

em que a saúde reflete a precariedade das condições de vida da população de maneira drástica e incontestável, o hospital se torna palco de lutas cujo acirramento nos remete a conflitos ideológicos escamoteados sob o manto da "ciência".

** Não queremos com essas colocações afirmar que a classe médica presta atendimento de baixa qualidade em função dos maus salários recebidos; ao contrário, estamos querendo enfatizar aspectos inerentes a pontos emocionais de conduta humana. A própria mobilização dos médicos em busca de salários dignos traz no bojo de suas reivindicações a necessidade da prestação de uma melhor qualidade de serviços à população. Assim, estamos mostrando uma faceta das ocorrências da prestação de serviços nas instituições hospitalares particulares sem, contudo, adentrarmos as questões da qualificação profissional do médico.

e. Interação da equipe médica com os demais profissionais de saúde

Na clínica de ortopedia do HOSPITAL DA PAZ existe um processo de interação da equipe médica com os demais profissionais de saúde que pode ser considerado satisfatório. Existem espaços destinados a reuniões semanais, onde são apresentados alguns casos clínicos para discussão multidisciplinar. Existe também uma intensa troca de informações entre a equipe médica e os demais profissionais de saúde. Os prontuários hospitalares são analisados conjuntamente e até mesmo as prescrições são discutidas de forma detalhada no plano multidisciplinar.

Considerações gerais: a interação da equipe médica com os demais profissionais de saúde mostra as possibilidades da inserção do serviço de psicologia na unidade hospitalar analisada. É evidente que a aceitação do psicólogo será maior num setor onde existe uma equipe multidisciplinar que se reúne periodicamente para a discussão de casos e onde, de alguma forma, se valorize o conjunto de aspectos emocionais do paciente. A realidade que criamos para este item no *HOSPITAL DA PAZ* deixa claro que um espaço hospitalar com discussão de casos clínicos no plano multidisciplinar é uma idealização que irá exigir um esforço muito grande para se tornar real. E, na medida em que já conferimos ao *HOSPITAL DA PAZ* um caráter acadêmico de reflexão e pesquisa, a discussão de caso e a avaliação de condutas sobre o diagnóstico apresentado serão mera sequência normativa.

A discussão de caso envolvendo a totalidade dos profissionais é um passo muito grande e importante em termos de evolução multidisciplinar; atingir o paciente de forma globalizante, sem fragmentar a patologia, seja em termos físicos ou emocionais, é um dos objetivos pelos quais o psicólogo deve lutar no contexto hospitalar.

f. Multidisciplinaridade do setor

A multidisciplinaridade do setor pode ser considerada unitária em seu objetivo comum: o paciente. Os diversos profissionais que atuam no setor se harmonizam nos aspectos que envolvem o direcionamento do tratamento necessário ao restabelecimento do paciente.

Considerações gerais: os aspectos da multidisciplinaridade de determinada unidade hospitalar revelam a atuação do setor junto ao paciente. Este item poderá ser detalhado com dados contendo a atuação de cada um dos profissionais envolvidos no setor, bem como os pontos de tangenciamento de suas práticas. O conhecimento da atuação de cada profissional é condição indispensável para a implantação eficaz de um serviço de psicologia; é imprescindível que o psicólogo conheça as atribuições do assistente social, da nutricionista, do fisioterapeuta etc. É a partir desse conhecimento que o serviço de psicologia poderá inserir-se no contexto hospitalar, indo ao encontro dos objetivos institucionais, sem o perigo de perda da unidade multidisciplinar. O hospital é um espaço que se abre para o psicólogo em nuanças bastante complexas, fato que irá exigir desse profissional uma constante revisão de seus propósitos para que sua atuação não se perca isoladamente dentro desse contexto.

g. Trajetória hospitalar do paciente

É feita por meio de encaminhamentos determinados pelo pronto-socorro ou ainda em decorrência de diagnósticos realizados fora do hospital. Uma vez hospitalizado, o paciente é encaminhado para o setor específico de ortopedia, onde, a partir das intervenções necessárias – cirurgias, remoções, infiltrações etc. –, são delimitados os itens de sua permanência no setor.

Considerações gerais: a trajetória hospitalar do paciente é um dos itens mais importantes na análise dinâmica. É a partir dela que o psicólogo poderá dimensionar o tipo de trabalho a ser desenvolvido. Se a intenção do psicólogo é atuar no pré e pós-operatório, ou ainda no ambulatório e na enfermaria, é através dessa análise que o momento de intervenção será determinado e concretizado. Também é através da trajetória hospitalar do paciente que a própria configuração do serviço de psicologia encontra sedimentação em termos reais. Angerami[1] diz que o paciente, ao ser admitido no hospital, tem delineada pela equipe médica a chamada trajetória hospitalar, que, de forma geral, consiste em diagnóstico, prognóstico e até mesmo nas expectativas dessa equipe perante esse paciente. As variações dessa trajetória irão determinar o comportamento da equipe, havendo sempre a possibilidade do surgimento de inúmeras contradições na interação equipe-paciente.[2]

No caso específico da clínica de ortopedia do *HOSPITAL DA PAZ*, fica evidente que os encaminhamentos são realizados sem complicações extra-hospitalares, uma vez que os problemas, salvo raras exceções, são diagnosticados com absoluta precisão. Nas unidades hospitalares onde os diagnósticos de cirurgias e tratamentos específicos são mais complexos, exigindo inúmeros exames clínicos e laboratoriais, o conhecimento da trajetória hospitalar do paciente poderá, inclusive, configurar o real sofrimento provocado pela própria hospitalização dessa pessoa. Sebastiani[3] afirma que a hospitalização traz para o paciente um momento de cisão de seu cotidiano, fato que irá exigir uma série de mudanças, trazendo problemas para sua autonomia e transcurso normal de vida. A hospitalização implica uma quebra de domínio sobre si próprio, na medida em que a pessoa passa de uma situação de agente para uma vida de paciente, tanto no sentido psicológico como orgânico.[4]

Chiattone,[5] enfatizando a importância do conhecimento da trajetória hospitalar do paciente, com sua prática como psicóloga de uma clínica pediátrica, declara: cada enfermaria possui particularidades que devem ser consideradas com cuidado. Assim, uma enfermaria pediátrica com muitos leitos de ortopedia necessitará de uma atuação diferente de uma enfermaria geral, que mantenha internadas crianças com pneumonia, diarreia, bronquites etc. Isso quer dizer que é imprescindível que se estabeleçam, atentamente, os objetivos do trabalho psicológico.

Nenhuma atuação deve ser realizada sem um objetivo específico. Os elementos de ação devem estar sempre muito bem alinhavados para que não se percam no emaranhado de condutas, dietas, medicamentos etc. Então, de início, deve-se fazer um levantamento da rotina da enfermaria, os horários, os critérios, as condutas de equipe. Depois, pode-se esquematizar um plano de atividades para as crianças. Esse plano deve seguir sempre um critério flexível que possa ser moldado de acordo com os períodos, as fases da enfermaria.[6]

E assim é: de um trabalho estruturado adequadamente sobre as variações da trajetória hospitalar do paciente dependerá, em grande parte, o êxito do psicólogo no hospital.[7]

h. Tipos de patologias atendidas no setor
São atendidos casos de fraturas ósseas, luxações, ferimentos contundentes, traumatismos, politraumatismos e casos de cirurgias ósseas.

Considerações gerais: o item que envolve as patologias atendidas pela clínica analisada irá determinar os aspectos de abrangência da intervenção psicológica. No caso específico de uma clínica de ortopedia, que atende politraumatismos provocados por acidentes diversos, desde os automobilísticos até aqueles decorrentes de grandes catástrofes (enchentes, desmoronamentos, quedas de barreiras etc.), na maioria das vezes, a pessoa vitimada, quando recupera a consciência, tem, além das próprias sequelas físicas, a dor provocada pela perda de algum ente querido no mesmo acidente. Claro está que nesses casos, além da dor física e das possíveis sequelas orgânicas muitas vezes irreversíveis, o psicólogo terá que trabalhar com a dor emocional provocada por essas perdas. A importância de se circundar as possíveis patologias atendidas pela clínica reside no fato de o psicólogo se conscientizar da necessidade de aquisição de noções médicas básicas dessas patologias.

Tais noções farão com que o psicólogo possa posicionar-se adequadamente diante das reações físicas e emocionais do paciente, evitando assim *psicologismos* inadequados e errôneos.

Temos como verdadeiro o fato de que é praticamente impossível iniciar um trabalho psicológico numa unidade hospitalar desconhecendo-se as principais sintomatologias das patologias a serem atendidas. Não se trata de assumir o papel do médico, mas de compreender os elementos teóricos indispensáveis para um bom desempenho profissional.

Buscamos no hospital um espaço para o psicólogo e como tal devemos nos instrumentalizar. A consciência de nossas limitações e a necessidade de partir em busca de novos elementos teóricos serão o alicerce maior desta atuação.

i. Critérios de hospitalização
São determinados a partir da avaliação do corpo médico e da necessidade de um tratamento dentro do hospital ou, então, de uma eventual cirurgia.

Considerações gerais: o conhecimento dos critérios de hospitalização poderá auxiliar o psicólogo na estruturação de seu trabalho, na medida em que viabiliza os determinantes de urgência e gravidade do estado clínico do paciente. Assim, um paciente ao ser hospitalizado tem como traço comum o fato de ter sido avaliado sob determinados critérios que lhe prescreveram uma hospitalização. Tais fatores, por si sós, já determinam a necessidade de aceitação por parte do psicólogo, bem como uma reflexão sobre o quadro clínico do paciente. As condições emocionais serão avaliadas a partir de critérios previamente estabelecidos.

j. Critérios de alta hospitalar
Obedecem a normas médicas que implicam a total recuperação física e emocional do paciente. Existem casos de pacientes que, embora tendo recebido alta

hospitalar, necessitam de retornos periódicos à instituição para controles ambulatoriais de atendimento e tratamento.

Considerações gerais: os critérios de alta hospitalar determinam o tempo médio de hospitalização do paciente. A partir desse aspecto o psicólogo terá condições de estabelecer uma estratégia de atendimento que leve em conta esse período de hospitalização. Até mesmo o atendimento feito em ambulatório precisa ser direcionado a partir dos possíveis critérios de alta hospitalar. Um real dimensionamento desses fatores poderá determinar, inclusive, o tipo de trabalho a ser desenvolvido quando o paciente receber alta e necessitar retornar à instituição hospitalar em busca de cuidados complementares. Em termos ideais, a alta hospitalar deveria considerar não apenas a condição física do paciente como também suas condições emocionais. Mas isso seguramente é uma conquista que dependerá exclusivamente do psicólogo para ser efetivada.

k. Critérios de visitas

As visitas da clínica de ortopedia do HOSPITAL DA PAZ se fazem da seguinte forma:

- *médica: diariamente no período da manhã, quando os responsáveis pelo paciente examinam-no para avaliar suas condições vitais. Após essa visita, são feitas a prescrição medicamentosa e outras determinações necessárias para o restabelecimento das condições de saúde do paciente.*
- *familiar: diariamente no período compreendido entre 15h e 17h. Neste horário é permitido que o paciente receba seus familiares livremente. Fora deste período as visitas são permitidas apenas com autorização médica e visam atender os casos de familiares que não podem comparecer no horário previamente estabelecido.*

Considerações gerais: os horários de visitas são importantes na estruturação do serviço de psicologia na medida em que podem determinar os períodos em que o paciente recebe tanto a visita médica como a dos familiares. O fato de a visita médica ser feita na parte da manhã determina que as principais rotinas do atendimento hospitalar ocorrem nesse período. Assim, toda e qualquer discussão ou levantamento de dados a serem realizados com a equipe médica devem ser programados levando-se em conta os períodos em que as principais atividades acontecem. Com relação aos familiares, é importante que se faça um trabalho com eles em função dos horários permitidos para as visitas. Seria totalmente inadequado, por exemplo, convocar a família para um atendimento no período da manhã quando o horário de visitas é marcado para o período da tarde. O atendimento à família deve obedecer a critérios bastante precisos e que levem em conta não apenas os estudos existentes sobre a família, como também aqueles que nos remetem à família no contexto hospitalar.

A família no hospital possui características bastante diversas de outras realidades institucionais: vive uma ansiedade que envolve o restabelecimento físico do paciente, fato que de forma genérica faz com que toda e qualquer abordagem psicológica leve necessariamente esses aspectos em consideração.

No hospital existe a morte como espectro maior do tratamento. E a perspectiva de que o paciente possa ficar em definitivo longe do seio familiar – seja por morte, invalidez, longos períodos de hospitalização etc. – faz com que os membros da família sofram com a mesma intensidade o processo de hospitalização.

Tomemos como exemplo uma gestante e sua família.

A gestante apresenta todas as sintomatologias físicas de uma gravidez: crescimento do feto, possíveis reações de náuseas e a transformação do próprio organismo que se prepara para acomodar a criança.

Essa gestante não engravida sozinha. Toda a família igualmente engravida.

Se por um lado a paciente apresenta a sintomatologia da gravidez, por outro, a família apresenta os sinais emocionais dessa gravidez. Assim, é a mãe da parturiente que prepara o enxoval do nenê tricotando sem cessar os novos modelos de agasalhos; é o pai da criança que, de posse de um copo de cristal, tenta ouvir o coração do nenê; é a tia da criança que coloca a mão na barriga da futura mamãe para sentir os movimentos da criança.

A família como um todo engravida e se prepara para receber a criança. E todos ansiosamente aguardam pelo seu nascimento. A mãe apresentando as sintomatologias de uma gravidez, e a família, os sinais emocionais que determinam esse tipo de espera. Se por algum motivo essa criança, ao nascer, vier a falecer, a mãe não sofrerá isoladamente essa perda. A família como um todo se desarvorará diante desse episódio que se abaterá sobre todos como uma verdadeira tragédia.

Da mesma forma, na instituição hospitalar, temos um quadro em que o paciente hospitalizado sofre a sintomatologia de determinada patologia e a família sofre emocionalmente as consequências desse tratamento. Existe uma fusão dos sentimentos, e a dor vivida pelo paciente é a mesma vivida pela família, e assim sucessivamente.

A abordagem psicológica junto à família não pode negar essa fusão com o risco de provocar sequelas emocionais ainda mais profundas que aquelas provocadas pela própria hospitalização. Chiattone,[8] refletindo sobre a intervenção psicológica com a família do paciente hospitalizado, diz que, quando uma criança adoece, a família também se sente assim, algumas vezes, inclusive, culpando-se dos fatos. A doença é um fator de desajustamento do grupo familiar. Então, torna-se imprescindível um acompanhamento psicológico a essa família.

A princípio, ela deve ser conscientizada sobre os aspectos da doença em si e sobre a necessidade real da hospitalização.[9] E, na medida em que a família e o paciente se harmonizam no sofrimento emocional provocado pela hospitalização, toda e qualquer intervenção psicológica não pode deixar de abordar tais aspectos, sob o risco de incorrer-se em erro conceitual.[10]

I. Vínculo médico-paciente

O vínculo médico-paciente é satisfatório. Existe na equipe médica uma preocupação constante com esse relacionamento, fato que determina uma reflexão contínua sobre as atitudes adotadas pelo corpo médico em relação ao paciente e seu processo de hospitalização.

Considerações gerais: o relacionamento médico-paciente é de vital importância dentro da unidade hospitalar. O trabalho do psicólogo pode, inclusive, ser voltado para o equilíbrio das atitudes que envolvem esse relacionamento. De nada adiantará um trabalho excelente do psicólogo com o paciente se a relação médico-paciente for deteriorada.

O médico, em todas as instâncias, traz sobre sua figura as expectativas de cura; o paciente se apoia na figura médica como um peregrino que, sedento, avista ao longe um pote d'água; é na figura médica que são depositadas todas as esperanças do restabelecimento vital do paciente.

Os atritos decorrentes dessas expectativas determinam por si um acirramento nesse relacionamento; uma constante reflexão sobre as atitudes a serem adotadas diante da expectativa do paciente em relação ao papel do médico na instituição seguramente será de grande valia no estabelecimento do equilíbrio das relações interpessoais no contexto hospitalar. Dessa maneira é inegável a contribuição que o psicólogo desempenha, na medida em que pode decodificar a linguagem desse relacionamento. É pela intervenção do psicólogo que os conflitos existentes na relação médico-paciente podem tornar-se transparentes.

O psicólogo, por outro lado, deve ter claro que, na estruturação do serviço de psicologia no hospital, os aspectos que envolvem a relação médico-paciente devem ser priorizados de modo que se obtenha a total abrangência do trabalho institucional. E, na medida em que um dos principais objetivos do trabalho do psicólogo é a transformação das relações interpessoais deterioradas, ela acabará atingindo os próprios aspectos institucionais.

m. Vínculo paciente-hospital
É promovido pelo SUS ou por via direta – casos de pessoas que não tenham recursos financeiros.

Considerações gerais: a humanização do hospital é um dos principais objetivos a serem alcançados pelo psicólogo no espaço hospitalar. A instituição, de maneira geral, pelo próprio caráter de sua especificidade, se apresenta como extremamente aversiva para a maioria dos pacientes, o que merece consideração quando apresenta determinantes que dificultam o processo de hospitalização. Uma compreensão desses aspectos poderá ser útil ao psicólogo na estruturação de seu trabalho.

n. Vínculo paciente-equipe de saúde
Esse vínculo ocorre dentro de um nível satisfatório de relacionamento. A equipe de saúde como um todo trata o paciente com a maior cortesia e respeito. E, acima de tudo, numa total harmonia com os preceitos básicos de saúde.

Considerações gerais: é indispensável que a equipe de saúde concentre esforços no sentido de humanizar as condições do paciente durante o processo de hospitalização. Seu vínculo com o paciente apresenta especificidades que não podem ser excluídas na estruturação do serviço de psicologia do hospital. No caso de uma clínica de ortopedia, por exemplo, é inegável a importância da atuação da equipe como um todo para o restabelecimento do paciente. O papel do fisioterapeuta na recuperação dos movimentos e funções do paciente supera, inclusive, outros aspectos igualmente importantes no tratamento. E da mesma forma que o fisioterapeuta, é importante o assistente social, o nutricionista, o terapeuta ocupacional e outros profissionais que eventualmente atuem no setor, que devem agir em perfeita harmonia com os princípios da clínica e também com os próprios objetivos de recuperação do paciente.

O desconhecimento, por parte do psicólogo, dos limites de atuação dos outros profissionais pode determinar um trabalho sem a abrangência devida e comprometido por uma visão fragmentada. O relacionamento do paciente com a equipe de saúde deve ser permeado por uma compreensão de que os profissionais que atuam no setor estão comprometidos entre si e com um objetivo comum: o seu próprio restabelecimento físico. O desconhecimento dos limites de atuação de cada profissional pode gerar no paciente uma incerteza muito grande sobre esse processo de restabelecimento.

O paciente faz parte de modo indissolúvel do contexto hospitalar, sendo cuidado pela totalidade dos profissionais do setor. Um relacionamento precário entre ele e a equipe de saúde pode imprimir-lhe sofrimentos que transcendem a própria enfermidade. É papel do psicólogo atuar para que esse relacionamento ocorra de maneira satisfatória, intervindo de modo a levar esses profissionais a uma constante reflexão sobre as atitudes a serem adotadas para que o setor funcione num ponto ideal de harmonia.

o. Vínculo da clínica de ortopedia com os demais setores do hospital

Visa complementar o tratamento específico da clínica. Existe um relacionamento bastante estreito da clínica de ortopedia com os setores de Raio X, Laboratório e Pronto-Socorro. O vínculo com esses setores se processa a partir da necessidade de exames complementares do tratamento específico de ortopedia. O pedido desses exames, bem como a possível remoção de paciente entre os diversos setores do hospital, se dá por prescrição médica.

Considerações gerais: o relacionamento de uma clínica com outros setores do hospital determina um dos aspectos mais importantes no tocante à situação emocional do paciente. Um domínio do relacionamento do setor específico de atuação do psicólogo com outros setores do hospital pode determinar uma abrangência de seu trabalho sobre possíveis estados de ansiedade e depressão provocados no paciente em virtude dessas deslocações. No caso de uma clínica de ortopedia, a consciência por parte do paciente de que possíveis transferências são rotinas em seu tratamento por si já representa alívio nesses aspectos que envolvem sua hospitalização. Até mesmo o fato de exames periódicos serem realizados com seu pleno e total conhecimento irá acelerar o processo de recuperação. De outra forma, o desconhecimento por parte do paciente da rotina hospitalar poderá gerar ansiedade e sofrimento facilmente evitáveis pelo trabalho de conscientização dessa rotina.

p. Vínculo da clínica de ortopedia com setores não pertencentes ao hospital

A clínica de ortopedia do HOSPITAL DA PAZ não mantém vínculo com setores não pertencentes ao hospital, uma vez que os serviços necessários ao restabelecimento do paciente estão disponíveis na própria instituição.

Considerações gerais: da mesma forma que o item anterior, o conhecimento da rotina hospitalar é atenuante ao sofrimento provocado pela hospitalização. Em determinados setores hospitalares existe, inclusive, a remoção do paciente em busca de exames e tratamentos complementares. Desnecessário dizer da ansiedade e do sofrimento que isso poderá gerar sem o seu conhecimento. Nesse sentido, estamos diante de um dos sofismas mais sérios do contexto hospitalar: o esclarecimento ao paciente de todas as etapas de seu tratamento.[11]

À medida que o psicólogo adentra essa questão de forma clara e aguda, é necessário que ele próprio tenha uma atitude responsável para poder refletir os seus valores antes de questionar as atitudes de outro profissional. É necessário que o psicólogo faça uma distinção bastante clara entre um trabalho estruturado com consciência e clareza e um idealismo desestruturado até mesmo em termos teóricos.

q. Expectativas e perspectivas de desenvolvimento do serviço de psicologia no hospital

As expectativas da equipe de saúde sobre o serviço de psicologia são bastante alvissareiras e abrangem a possibilidade do oferecimento de um sustentáculo emocional eficaz ao paciente. As perspectivas de desenvolvimento do serviço são grandes na medida em que o trabalho será estruturado em perfeita harmonia com todos os profissionais integrantes da clínica de ortopedia do HOSPITAL DA PAZ.

Considerações gerais: o conhecimento das expectativas do setor de psicologia é importante na medida em que determina parâmetros ao serviço, e uma reflexão constante se abrirá como possibilidade ao desenvolvimento do serviço de psicologia no hospital.

Uma determinante que o psicólogo precisa ter muito clara em sua atuação no hospital é o fato de que o paciente hospitalizado, ao contrário do paciente atendido nos limites de um consultório, faz parte de um contexto institucional com objetivos específicos. Dessa maneira, o paciente deve ser abordado levando-se em conta a harmonia com os demais profissionais de saúde que igualmente atuam no hospital.

Os parâmetros determinados pelas perspectivas de desenvolvimento do serviço de psicologia poderão dar ao psicólogo instrumentos de efetivação dos objetivos de seu trabalho. De nada adiantará um trabalho que os profissionais de psicologia possam considerar como excelente, se ele, em sua essência, não atingir os objetivos institucionais a que se propôs; o trabalho institucional, antes de qualquer outra conceituação, necessita de parâmetros de conformidade e unidade com aspectos totalizantes que transcendem a prática de um profissional isoladamente. Não estamos, com essas colocações, propondo que o psicólogo abandone os instrumentos clínicos que norteiam sua prática; ao contrário, queremos tornar claro que ele deve sair de uma atitude isolada para ir ao encontro do espaço institucional sem, contudo, abandonar suas características profissionais.

III. Plano de estruturação do serviço de psicologia na unidade hospitalar

Uma vez realizada a análise institucional, teremos, então, condições para a elaboração de um plano de estruturação do serviço de psicologia na unidade hospitalar. Em seguida, passaremos a descrever a estruturação do serviço de psicologia na clínica de ortopedia do *HOSPITAL DA PAZ*.

Plano de estruturação do serviço de psicologia na clínica de ortopedia do Hospital da Paz.

Esse serviço atuará em quatro níveis principais:

I – com o paciente;
II – com a família;

III – com a equipe de saúde;
IV – em situações específicas.

I. Atuação junto ao paciente

A atuação junto ao paciente será feita no momento de sua internação na clínica de ortopedia. O serviço de psicologia, tendo conhecimento dos inúmeros casos encaminhados pelo pronto-socorro do hospital, localiza a internação na clínica específica como sendo o momento ideal para se efetuar a intervenção psicológica. Os atendimentos, respeitando-se a peculiaridade de cada caso, poderão ser realizados no nível de pré, peri e pós-operatório. Assim, será abordado de acordo com sua patologia e condições emocionais.

O atendimento será realizado na enfermaria, podendo ainda haver um trabalho em sala apropriada, local este a ser determinado pela coordenação da clínica. Os pacientes serão atendidos nos períodos de internação, respeitados os critérios médicos de hospitalização.

O paciente terá acompanhamento psicológico no seu processo de reabilitação física e posterior reintegração ao núcleo familiar. Os atendimentos serão realizados em conjunto com os demais profissionais do setor, visando-se a reabilitação total do paciente. As condições emocionais serão analisadas tendo-se como parâmetro as de restabelecimento físico.

O setor de psicologia também prestará esclarecimentos aos demais profissionais sobre possíveis atitudes a serem adotadas junto ao paciente, tendo como determinante suas condições emocionais. O paciente terá no serviço de psicologia o atendimento necessário para o seu restabelecimento físico e emocional.

Considerações gerais: o item de atuação junto ao paciente poderá ainda conter aspectos das possíveis implicações emocionais de determinadas patologias. Assim, por exemplo, se o plano de atuação do serviço de psicologia envolver uma clínica de oncologia ginecológica, as condições emocionais da paciente mastectomizada irão merecer um cuidado específico que certamente transcende o sofrimento das portadoras de outras patologias. Evidentemente que as sequelas emocionais provocadas pela remoção cirúrgica dos seios são determinantes de sofrimento muito superiores ao processo de hospitalização em si. E, ao estruturarmos um plano de atuação de um serviço de psicologia, é condição prioritária que os aspectos específicos da sintomatologia abordada sejam considerados em sua totalidade.

Numa clínica de ortopedia, por outro lado, as remoções cirúrgicas de determinados membros, embora apresentem condições semelhantes aos processos gerais de mutilação, devem ser analisadas levando-se em conta todas as particularidades do paciente. Dessa forma, a perda do movimento da mão para um desenhista terá repercussões emocionais bem mais acentuadas e contundentes. Ou então o que dizer da remoção cirúrgica do membro inferior de um atleta? Ou ainda de possíveis traumatismos irreversíveis causados em amigos e parentes em decorrência de acidente automobilístico em que o paciente era o responsável pela condução do veículo? Inegavelmente, os exemplos ilustram a delicadeza de uma intervenção psicológica que possa prover a esses pacientes a condição emocional mínima necessária para o enfrentamento dessas circunstâncias. O paciente, nesses casos, terá sofrimentos emocionais que poderão agravar sensivelmente sua própria condição física.

No caso de o psicólogo se utilizar de instrumentos como testes, anamneses e outros, tais subsídios também poderão constar do item que envolve sua atuação junto ao paciente hospitalizado. O instrumental de atuação do psicólogo poderá ser detalhado para que os demais profissionais da equipe de saúde tenham uma noção do trabalho a ser desenvolvido pelo serviço de psicologia. No entanto, esse detalhamento é totalmente dispensável, sendo necessária somente a descrição da forma pela qual se procederá o atendimento no setor.

II. Atuação junto à família

Será realizada visando-se a total reintegração do paciente ao núcleo familiar. Esse atendimento será coordenado de maneira que não sobrecarreguem os horários dos familiares e tampouco cause o cerceamento do período de visita ao paciente. A intervenção junto à família visará também o esclarecimento das condições necessárias ao restabelecimento físico e emocional do paciente. Serão abordadas questões sobre a patologia do paciente e a interação familiar a partir da hospitalização.

Serão observados os preceitos vigentes no setor, bem como a conduta adotada pelos demais profissionais da equipe de saúde. Serão elencados para o atendimento aqueles familiares que o próprio paciente considere importantes e que, de alguma forma, se mostrem presentes no processo de hospitalização.

Considerações gerais: o item de atendimento aos familiares deve especificar os objetivos do atendimento de modo que torne clara a própria estruturação do trabalho. Os familiares, como foi visto anteriormente, desempenham importância fundamental no restabelecimento do paciente. E um trabalho bem desenvolvido e estruturado nesse sentido será, inegavelmente, de grande utilidade para efetivar o alívio necessário ao processo de hospitalização. A família, ao ser englobada no atendimento hospitalar, receberá condições e sustentáculos emocionais para que o paciente encontre alívio no sofrimento provocado pelo afastamento do núcleo familiar. Paciente-família é um binômio indivisível, e como tal deve ser abordado no contexto hospitalar, com o risco de perder-se um aspecto muito importante na intervenção do psicólogo: as implicações emocionais que um processo de hospitalização provoca no núcleo familiar.

III. Atuação junto à equipe de saúde
A atuação do psicólogo junto à equipe de saúde se dará nos seguintes níveis:

- *discussão de casos: o psicólogo participará das reuniões semanais mantidas pela equipe de saúde, provendo os aspectos emocionais dos casos apresentados, enriquecendo as discussões com subsídios que permitam uma visão globalizante do paciente. Também poderão ser apresentados pareceres ou diagnósticos psicológicos de determinados pacientes quando solicitados pela equipe de saúde;*
- *discussão de atitudes: o psicólogo poderá atuar no sentido de orientar discussões que envolvam as atitudes da relação médico-paciente, bem como aspectos inerentes ao processo de hospitalização e que englobam os cuidados dispensados pela equipe de saúde para o restabelecimento do paciente;*
- *grupos de estudo: o psicólogo poderá orientar possíveis grupos de estudo que visem melhor compreensão das condições físicas e emocionais do paciente. O grupo de estudo poderá versar sobre o processo de hospitalização e, dessa maneira, contribuir para que a equipe de saúde adquira condições ideais para o desempenho de suas funções;*
- *controle burocrático: o serviço de psicologia fornecerá quinzenalmente relato de suas atividades à coordenação do setor. Também será efetivado fichamento dos casos atendidos de modo que facilite o desenvolvimento do setor. Periodicamente, em prazo a ser determinado, o serviço de psicologia, através de seus responsáveis, se reunirá com os responsáveis pelo setor para que o trabalho possa ser avaliado e reestruturado quando se fizer necessário.*

Considerações gerais: o item de relação do psicólogo com os demais profissionais da equipe de saúde deve abranger a totalidade das possibilidades dessa interação. O plano inicial, no entanto, não exclui possíveis vertentes que surjam com o decorrer do trabalho. Assim, o psicólogo deve estar sempre atento a outras intervenções que possam ocorrer durante o desenvolvimento de suas atividades. Grupos operativos com médicos e equipe de enfermagem, assistência psicológica a determinado profissional que se desestruture durante o atendimento etc. são apenas algumas das possibilidades de atuação do psicólogo no decorrer de seu trabalho. É importante ressaltar que outras possibilidades de atuação do psicólogo somente se efetivarão se ele, como profissional, estiver atento a sua própria condição de catalisador dos processos emocionais surgidos dentro da realidade institucional.

Ao psicólogo cabe a responsabilidade da conquista do hospital como campo de sua atuação profissional. E essa perspectiva apenas se tornará real quando sua reflexão o levar ao encontro de parâmetros que o conduzam a uma atuação permeada pela multidisciplinaridade institucional.

IV. Atuação em situações específicas

Atendimento em situações específicas se dará nos seguintes níveis:
- *internação: o atendimento será realizado na ocasião da internação visando dar ao paciente sustentáculo emocional para o impacto inicial provocado pela hospitalização;*
- *pré, peri e pós-operatório: após o momento inicial de internação e da realização do diagnóstico específico, será realizado um trabalho junto ao paciente objetivando o atendimento em todos os momentos que envolvam sua hospitalização e consequente restabelecimento. Um trabalho que observe os aspectos do pré, peri e pós-operatório visa propiciar ao paciente condições emocionais adequadas para o enfrentamento do processo de hospitalização;*
- *exames complementares: nos casos de exames complementares ao tratamento – radiografias, exames clínicos e outros – , será realizado um acompanhamento ao paciente para auxiliá-lo emocionalmente nos diversos momentos do processo de hospitalização;*
- *alta hospitalar: no momento da alta hospitalar, o trabalho psicológico poderá apresentar nuanças de determinação no sentido de concretizar satisfatoriamente o processo de hospitalização vivido pelo paciente;*

- *retornos complementares: será efetivado um trabalho junto ao paciente quando este necessitar voltar à instituição hospitalar em busca de tratamento complementar ao seu processo de hospitalização. A intervenção psicológica neste momento é importante para assegurar que o restabelecimento do paciente se concretize de maneira efetiva segundo os princípios que norteiam a equipe de saúde.*

Considerações gerais: este item deve abordar os aspectos da hospitalização nos vários níveis da rotina hospitalar.

A importância da separação dos vários momentos da rotina hospitalar reside no fato de se determinarem as situações de intervenção do psicólogo, bem como sua inserção nos determinantes que envolvem o atendimento realizado com o paciente. Existe ainda a importância de se dimensionar a amplitude do trabalho do psicólogo conjuntamente com os demais profissionais de saúde que atuam na unidade hospitalar objeto de análise.

A rotina hospitalar deve ser considerada numa totalidade, com o psicólogo buscando os pontos de sua abrangência. O hospital, com sua multiplicidade de serviços, deve ser analisado de maneira a não se perder o detalhamento desses atendimentos. O psicólogo poderá, ainda, juntamente com outros profissionais, atuar na estrutura institucional no sentido de transformá-la segundo as necessidades constatadas.

IV. Considerações finais

Podemos perceber que a atuação do psicólogo no contexto hospitalar é revestida de muitas dificuldades e obstáculos. No entanto, uma análise criteriosa da instituição hospitalar dará condições para que o psicólogo possa se instrumentalizar adequadamente e, dessa forma, desenvolver uma atividade coroada de êxito. O espaço hospitalar está aberto para receber o psicólogo em suas nuanças e determinações. O fato de apresentarmos as dificuldades de uma análise institucional com as barreiras que surgem ao longo desse percurso mostra que um conhecimento apriorístico das condições hospitalares poderá ser um índice seguro de uma atuação eficaz.

O fato de se estabelecerem objetivos precisos de atuação fornecerá ao psicólogo elementos de reflexão que certamente o conduzirão ao estabelecimento dos parâmetros ideais para a implantação do serviço de psicologia na unidade hospitalar.

Muito se tem discutido sobre as reais perspectivas de desenvolvimento do psicólogo no hospital. As dificuldades, os erros, acertos, tudo, enfim, é arrolado nessas discussões. Contudo, em termos de realidade, o desempenho do psicólogo dependerá de sua própria capacidade no estabelecimento de atitudes que se harmonizem com a realidade institucional.

Referências bibliográficas

1. ANGERAMI, V. A. *Existencialismo & psicoterapia*. São Paulo: Traço Editora, 1984.
2. Pacientes terminais: aspectos psicoterápicos. In: ANGERAMI, V. A. *Existencialismo & psicoterapia*. São Paulo: Traço Editora, 1984.
3. SEBASTIANI, R. W. Atendimento psicológico à ortopedia. In: ANGERAMI, V. A. (org.). *Psicologia Hospitalar. A atuação do psicólogo no hospital*. São Paulo: Traço Editora, 1984.
4. Ibidem, 1984, p. 59.
5. CHIATTONE. H. B. C. Relato de experiência de interverção psicológica junto a crianças hospitalizadas. In: ANGERAMI, V. A. (org.). A atuação do psicólogo no hospital. São Paulo: Traço Editora, 1984.
6. Ibidem, p. 30.
7. Não queremos com essas colocações minimizar a importância dos outros itens da análise para a estruturação do serviço de psicologia no hospital. Enfatizamos a importância da trajetória hospitalar do paciente na medida em que é nesse ponto que se concentram os esforços da equipe de saúde como um todo. Daí a importância de o psicólogo ter claros os limites dessa abrangência na estruturação de seu trabalho.
8. Relato de experiência de intervenção psicológica junto a crianças hospitalizadas, Chiattone, 1984.
9. Ibidem, p. 43.
10. Nesse sentido, cremos errada a atitude médica de negar informação ao paciente sobre os seus próprios sintomas e acreditar que a família tem melhores condições emocionais para receber essa informação. Tal prática, comum no meio médico, reflete a falta de atitude criteriosa sobre as condições emocionais do paciente. Se dado paciente, por exemplo, não possui condições emocionais para receber o impacto de uma informação sobre o diagnóstico de um possível câncer, nada pode nos assegurar que os familiares possuam tal condição. Essa atitude médica revela, em última

instância, uma postura em que o profissional se recusa ao enfrentamento das condições emocionais do paciente diante do diagnóstico. Torna-se, assim, mais cômodo deixar para os familiares essa responsabilidade, em que pese, na maioria das vezes, a fusão dos sentimentos emocionais sobre esse diagnóstico.

11. Mostramos no item *k. Critérios de visitas* o erro médico de não esclarecer ao paciente seu verdadeiro diagnóstico. Nesse sentido, a desinformação sobre os aspectos que envolvem a hospitalização se enquadra igualmente nesse erro de atitude médica.

2. A criança e a hospitalização

Heloísa Benevides de Carvalho Chiattone

Palavras iniciais

Este artigo relata o trabalho desenvolvido por nós, desde 1982, no Serviço de Pediatria do Hospital Brigadeiro – SUS – São Paulo.

Ele não tem a pretensão de esgotar o assunto nem tampouco de seguir normas científicas rigorosas, mas sim de transmitir, àqueles que se interessam pela Psicologia Hospitalar, algumas alternativas e formas de atuação junto a crianças hospitalizadas.

Este trabalho é dedicado ao Chefe da Pediatria do Hospital Brigadeiro, Dr. Mariano da Silveira Gomes, pelo crédito, pela confiança e pela oportunidade; aos preceptores do Serviço de Pediatria, em especial à Dra. Suzana Barreto e ao Dr. Mauro Brasil, que tanto têm acreditado, ajudado e nos incentivado em nossa luta diária; aos residentes e internos da Pediatria, pela ajuda, amizade e pelos ensinamentos; às enfermeiras, auxiliares e atendentes de enfermagem do período da manhã, amigas e verdadeiras colaboradoras de todas as horas; aos estagiários de Psicologia Hospitalar do Curso de Especialização do Instituto Sedes Sapientiae, que tanto têm engrandecido e dignificado o atendimento às crianças, principalmente às hospitalizadas, e que com sua singeleza, honestidade e com seu amor têm nos dado lições de maturidade e de vida.

I. Introdução

Nos últimos anos, as noções de saúde e doença gradativamente foram sendo modificadas. De forma geral, os critérios pré-científicos vinculados às doenças e à magia envolvida nesse processo foram substituídos pela convicção de que a doença deve ser compreendida em razão das propriedades físicas e

> **Aprendendo a viver...**
> Trabalhar com crianças doentes e
> Hospitalizadas é uma experiência única, inigualável.
> É viver cada momento como se
> fosse o último.
> É estar junto sempre.
> É sorrir, brincar, sofrer.
> É aprender a viver!
>
> Pediatria do Hospital Brigadeiro – SUS
> Outubro de 1986.

químicas dos órgãos, sistemas e tecidos. Dessa forma, o tratamento dos estados de doença estaria vinculados à interferência no *status quo* da química do indivíduo.

Os constantes progressos técnicos e científicos na área da saúde modificaram a qualidade do atendimento disponível, mas acabaram por dirigir praticamente toda a energia disponível para uma atuação curativa, afastada de medidas profiláticas e que faz uso de um tipo de atendimento que, despersonalizado, determina a desumanização da prática médica. Dessa forma, o doente é visto e tratado como uma peça da grande máquina que, desajustada/doente, necessita reassumir o equilíbrio entre suas peças/tecidos-sistemas-órgãos.

Por outro lado, acredita-se que a saúde depende exclusivamente do tratamento do doente por meio de medidas médicas, e então torna-se difícil falar de saúde sem se referir à doença, na medida em que o conceito de saúde está vinculado a não doença. E, na verdade, não se obtém saúde somente lutando contra a doença, mas sim ampliando-se as prioridades da população, determinando-se uma redefinição no desenvolvimento científico, promovendo justiça social, distribuindo equitativamente a assistência à população e desenvolvendo programas de saúde e ensino que estimulem os profissionais da área a assumir uma visão mais real, social e coerente com as necessidades da população.

Portanto, a saúde é um conceito que está intimamente relacionado com a cultura da população. A concepção de saúde dos povos primitivos, das populações indígenas, dos diferentes grupos étnico-raciais e das populações industrializadas é diversificada e demonstra que a saúde não só tem uma dimensão social, mas, quando vinculada à qualidade de vida da comunidade, assume uma dimensão política.

Além disso, devem estar incluídos no conceito de saúde os fatores interpessoais, que transformam o doente em pessoa humana com suas características pessoais e suas inter-relações complexas com a família e o meio em que vive.

Dessa forma, o conceito de saúde deve assumir um âmbito global, determinado como um "estado de bem-estar físico, mental e social", como conceitua a Organização Mundial de Saúde, e também, como define Menchaca,[1] "como um modelo de um sistema que procura a harmonia psicofísica da pessoa, em equilíbrio dinâmico com sua circunstância natural e sociocultural".

Mas o que se pode notar, de maneira geral, é que os profissionais da área tendem a incluir no conceito de saúde somente o bem-estar físico do doente, esquecendo ou menosprezando os aspectos mentais e sociais do indivíduo. Esse aspecto, muitas vezes, está ligado ao fato de que esses profissionais não sabem lidar, não aprenderam ou não assumiram uma postura capaz de considerar os aspectos físicos, mentais e sociais do doente, preferindo, então, apoiar-se em conhecimento, capacidade e tecnologia, deixando de lado o homem-profissional de saúde, o homem-ser doente.

E o que dizer então de um número grande de indícios que sugerem o relacionamento de doenças graves/causas físicas/acontecimentos ou experiências traumáticas anteriores? Se essa relação for verdadeira – e a experiência clínica mostra claramente esse aspecto –, existe então um grau de controle sobre a saúde, e as manifestações orgânicas ou físicas representariam um estágio tardio desse descontrole. Dessa forma, considerar somente o aspecto físico da doença ou, ainda, tratar somente o lado orgânico do indivíduo seria estabelecer o tratamento dos sintomas da doença de forma superficial, menosprezando suas causas reais e abrangentes.

A doença deve ser vista como uma forma de mensagem social, física e psíquica. A patologia física é apenas uma reação, dentro de um complexo dela, a determinada situação. Então, muitas vezes, a doença é decorrente do relacionamento interpessoal comprometido na família e de comportamentos, estados alterados ou acontecimentos vinculados ao aspecto mental do indivíduo.

A Declaração Universal dos Direitos do Homem determina em seus artigos 23, 24 e 25 os aspectos de saúde. O artigo 25 afirma textualmente que "o homem tem direito à saúde", mas essa saúde a que teoricamente o homem tem direito também deve ser uma conquista; "a conquista do exercício deste direito". "A saúde é área de todos – do governo, da população, de todos. Por isso mesmo, a conquista do direito à saúde é de responsabilidade de todos".

II. Hospitalização de crianças

O trabalho desenvolvido com crianças hospitalizadas mostra claramente o quanto se tornam necessárias uma urgente reflexão e consequente mudança quanto aos aspectos de saúde e doença vigentes, traduzindo uma nova abordagem na assistência à criança doente.

Este trabalho tenta, principalmente, alertar os profissionais da área de saúde quanto ao tecnicismo presente e crescente nos últimos anos que modificou a qualidade do atendimento disponível, mas fomentou o aspecto materialista e mercantilista da medicina, dirigindo-a rumo a tendências divergentes que distanciam-na do verdadeiro sentido da ciência médica que é a promoção da saúde.

O trabalho com crianças doentes e hospitalizadas mostra basicamente quanto se deve lutar pela humanização do atendimento, quanto se deve proteger a criança, esse ser tão dependente de outro(s), de um atendimento técnico, impessoal, agressivo.

Todos os profissionais da área de saúde devem ter noções claras de que a doença é um ataque à criança como um todo, que a criança doente estará afetada em sua integridade e que seu desenvolvimento emocional também estará bastante comprometido.

Nesse sentido, o objetivo do atendimento da equipe de saúde deve seguir sempre o princípio de minimizar o sofrimento da criança hospitalizada, promovendo-lhe saúde e principalmente fazendo dessa criança um elemento ativo dentro do processo de hospitalização e doença, valorizando a relação de influxos satisfatórios entre mãe e filho e compreendendo os riscos e as sequelas da separação desse binômio, buscando atingir o desempenho de uma pediatria global.

Além disso, existem vários fatores inerentes à hospitalização e várias consequências nocivas dessa medida que contribuem para o aparecimento de agruras existenciais e de problemas emocionais graves, adversos ao desenvolvimento da criança hospitalizada e doente. Temos então, entre outros, o desmame agressivo, o transtorno da vida familiar, a interrupção ou o retardo da escolaridade, do ritmo de vida e desenvolvimento, as carências afetivas e agressões psicológicas e físicas, despesas elevadas e ainda as mais variadas iatrogenias, entre as quais a mais importante se refere às infecções hospitalares.

No entanto, o maior malefício inerente ao processo de hospitalização se refere à separação da criança doente de sua mãe, aspecto assumido e generalizado nas enfermarias pediátricas, justamente num momento de crise, determinado pela doença, em que a criança necessita basicamente de apoio e carinho materno.

1. Privação materna – Sensação de abandono

O ser humano, quando pequeno, depende de cuidados dos adultos por um período de tempo muito mais longo do que qualquer outra espécie animal. A evolução dos conhecimentos técnicos relacionados às necessidades nutritivas e térmicas dos recém-nascidos levou a uma diminuição da morbidez e da mortalidade infantil. No entanto, os profissionais de saúde ainda têm alguma dificuldade em reconhecer e considerar as necessidades afetivas da criança. E sabe-se que tanto os bebês como as crianças pequenas necessitam vivenciar uma relação calorosa, íntima e contínua com a mãe (ou pessoa que desempenhe, de forma regular e constante, o papel de mãe), na qual ambos encontrem satisfação e prazer. Essa relação é essencial à saúde mental da criança.

A privação materna é uma situação ampla que abrange várias situações diferentes, na qual a criança não encontra esse tipo de relação. Ela compreende deficiência de alimento emocional e de estímulo intelectual e os resultados da ausência de ambos, embora possam estar presentes cuidados físicos adequados.

A privação materna ocorrerá se uma criança for afastada dos cuidados de sua mãe e será relativamente suave se essa criança passar a receber cuidados de outro indivíduo, já conhecido. Será, no entanto, acentuada, se a pessoa determinada a exercer os cuidados maternos for uma estranha. Nessas situações ocorreria uma privação parcial, situação oposta a uma privação total, em que as crianças internadas em instituições, separadas totalmente de suas mães, não teriam determinada pessoa a lhes oferecer cuidados pessoais e seguros.

Os efeitos da privação materna foram reconhecidos em crianças removidas de seus lares ou abandonadas por suas mães e, por isso mesmo, internadas em instituições por períodos longos. Apesar dos cuidados adequados de higiene e alimentação, essas crianças apresentaram retardo físico, social e intelectual. Viu-se, então, que essas crianças necessitavam de uma "mãe", ou de alguém que a substituísse. Nas instituições, ao contrário, a criança recebe cuidados de vários adultos que se substituem constantemente, o que dificulta a formação de vínculos afetivos. Além disso, há pouco calor humano, poucos estímulos e ensinamentos.

Vários autores, entre eles Spitz,[2] Escardó e Gilberti,[3] Bowlby,[4] Aubry,[5] Sarti,[6] Glaser,[7] Eisenberg[8] e Illingworth,[9] desenvolveram estudos nesse assunto. Spitz estudou de forma intensa a situação que denominou "hospitalismo" e que Escardó definiu como sendo "a soma dos prejuízos que a pessoa humana (nesse caso, a criança) recebe pelo fato de permanecer internada num hospital que leva em conta sua condição de enfermo, paciente ou condutor de doenças, porém marginaliza as determinantes de sua unidade estrutural biopsicossocial". Spitz definiu "hospitalismo" como "um conjunto de regressões graves que se podem observar quando as crianças são colocadas, no 2º semestre de vida, em creches ou hospitais, regressões essas que se instalam devido à ausência da mãe ou de um substituto efetivo da mãe, apesar das boas condições materiais de higiene e cuidados". Spitz definiu também a "depressão anaclítica" apresentada por crianças internadas em instituições como um quadro determinado por choro e exigências no 1º mês; gritos, perda de peso e parada de desenvolvimento no 2º mês; posição patognomônica em decúbito ventral, recusa de contato, insônia, perda de peso, retardo no desenvolvimento geral, ocorrência de doenças intercorrentes, expressão facial rígida no 3º mês e, após este, rigidez facial, gemidos raros, aumento do retardo e letargia. O autor afirma que, se a privação durar mais de quatro ou cinco meses, os danos podem tornar-se irreversíveis.

As crianças privadas parcial ou totalmente dos cuidados maternos sofrerão um fracasso no desenvolvimento de sua personalidade na medida em que é a mãe, nos primeiros anos de vida, quem lhes transmitirá os dados essenciais para esse desenvolvimento. A criança hospitalizada apresenta uma quebra nessa relação, podendo então apresentar graves deformações emocionais, físicas e intelectuais.

A ausência da família ou da mãe no hospital leva a criança a sentir-se abandonada. Essa sensação de abandono, observada nos pacientes internados na enfermaria pediátrica do Hospital Brigadeiro – SUS – SP, num período de quatro anos[10] é mais intensa e aparece com maior frequência em crianças de zero a três anos de idade, aproximadamente.

Assim, pacientes de zero a seis meses de idade, ao se sentirem sós, choram por longos períodos até adormecerem. Alguns se tornam assustados, temendo a aproximação de pessoas. Passados alguns dias, tornam-se quietos, sonolentos e indiferentes, parecendo erroneamente que se adaptaram ao ambiente. A partir daí o quadro tende a piorar, inclusive ficando a criança sujeita a doenças orgânicas (entéricas e respiratórias, geralmente), se esta não receber constante estimulação por parte da família e de toda a equipe de saúde.

As crianças de seis meses a um ano de idade também a princípio choram desesperadamente, sendo muito difícil algum conforto. Passados os primeiros dias, assumem comportamentos regredidos, mostram ansiedade, perdem o sono, buscam atrair a atenção dos adultos, mostram tristeza e, mais tarde, indiferença, podendo perder contato com o ambiente, reagindo mal aos estímulos, assumindo comportamentos autoeróticos, tornando-se sonolentas e deprimidas.

De um a três anos de idade, pode-se notar uma faixa delimitada de pacientes que também sofrem muito com a privação materna. A criança, apesar de já conseguir perceber a situação de separação, tem poucos recursos para elaborar as explicações dadas e os acontecimentos. Essas crianças reagem desesperadamente às condutas terapêuticas e choram até cansar, sendo muito difícil se amenizar efetivamente o sofrimento. Podem, a partir daí, entrar num quadro depressivo grave, permanecendo, em seus leitos, caladas, agarradas a algum objeto querido.

A partir dos três anos de idade, podemos notar que a sensação de abandono causada pela privação materna e pela hospitalização, em geral, tem mais condições de ser contornada e amenizada com alguma facilidade, tanto pela criança quanto pela família, ou pela própria equipe de saúde. Não concluímos, de forma alguma, que a partir dos três anos de idade as crianças podem permanecer sozinhas no hospital, mas sim que o quadro de tristeza e sofrimento se torna menos terrível, isso porque esses pacientes já conseguem, de alguma forma, entender a situação de hospitalização, doença e separação, quando ajudados pela equipe de saúde e pela família.

Os efeitos danosos da privação materna nas instituições hospitalares irão variar de acordo com algumas situações. O Relatório Aubry, realizado por Jenny Aubry, no Centro Internacional da Infância, em 1955,[11] demonstrou que as consequências da privação materna a crianças hospitalizadas variarão de acordo com os seguintes itens:

a. idade da criança;
b. situação psicoafetiva da criança e seu relacionamento prévio com a mãe;
c. personalidade e capacidade de adaptação da criança;
d. atitudes da equipe hospitalar;
e. rotinas vigentes no hospital;
f. experiências mais ou menos satisfatórias vividas durante a hospitalização;
g. duração da internação.

A privação materna durante a hospitalização traz à criança muita angústia, uma exagerada necessidade de amor, sentimentos de vingança e, consequentemente, culpa e depressão. A forma pela qual a criança reage a essas perturbações pode resultar em distúrbios emocionais graves e numa personalidade instável. Todas as crianças estão sujeitas aos efeitos físicos, intelectuais, emocionais e sociais da privação materna, sendo esses já bem discerníveis desde as primeiras semanas de vida. O desenvolvimento de crianças menores de dois anos estará abaixo da média. Essas crianças podem deixar de sorrir para um rosto humano ou de reagir aos diversos estímulos, podendo apresentar inapetência, perda de peso, falta de iniciativa, problemas de sono e diminuição da vocalização. Essas reações caracterizam uma forma de depressão, apresentando características típicas do depressivo adulto. A reação emocional é de apreensão e tristeza, e a criança se afasta de tudo a seu redor, não procurando contato nem reagindo a ele. Há aparente atraso nas atividades, e ela permanece deitada ou sentada inerte em profundo estupor. Apresenta também uma queda de resistência, estando sujeita a contrair infecções. Normalmente regride no processo de maturação psicoafetiva, expressando perturbações da marcha, da linguagem, do controle dos esfíncteres, comportamentos como masturbação, enurese, terror noturno e chupar o dedo. Pode, então, reagir apaticamente, ou, ao contrário, agressivamente, dificultando a atuação da equipe de saúde ao rejeitar a medicação, as restrições, os exames e as dietas.

Alguns trabalhos realizados em enfermarias pediátricas demonstraram que o fato de as crianças receberem mais visitas de suas mães e de terem mais contato com a equipe de saúde não aumentou o nível de infecções, como se imaginava. Ao contrário, além de se ter notado uma diminuição no período de internação e igualmente no que se refere a reinternações, notou-se a minimização do nível de infecção cruzada.[12]

Observação equivalente foi realizada em Israel, no Hospital Governamental de Tel Hashoner, onde as mães são estimuladas a visitar constantemente as crianças e a permanecer no hospital. Medidas semelhantes foram adotadas por hospitais norte-americanos e ingleses. No Japão e na Índia, as mães permanecem internadas habitualmente no hospital com seus filhos doentes.

Robertson[13] fez um estudo com crianças de um a quatro anos em situação de separação das mães e observou os efeitos causados por essa ruptura de ligação em três fases:

a) Fase de protesto – caracterizada por choro e por tristeza ante a perda da mãe e pelos limitados esforços da criança na recuperação desta.
b) Fase de desespero – caracterizada por desesperança, retraimento e diminuição nos esforços em recuperar a mãe.
c) Fase de desligamento – caracterizada por diminuição da afetividade e aceitação passiva de cuidados de figuras substitutas.

Outros estudos confirmaram as reações descritas por Robertson. Um estudo realizado em hospital[14] observou as reações de crianças internadas para extração de amídalas. Viu-se que as crianças menores de cinco anos mostravam mais ansiedade à separação dos pais e à permanência num ambiente estranho do que à operação e à anestesia. Outro estudo[15] realizado em instituição hospitalar, entre crianças de dois a 12 anos de idade, concluiu que, apesar de todas as crianças mostrarem perturbações iniciais à hospitalização, as de dois a quatro anos de idade apresentavam mais sofrimento, e este, em sua maioria, estava relacionado com a separação dos pais.

Schaffer[16] concluiu que a reação de bebês em seu primeiro ano de vida à separação e à hospitalização varia de acordo com a idade. Assim, bebês com mais de sete meses apresentam reações de crianças de um a dois anos. Por outro lado, bebês com menos de sete meses apresentam pouca perturbação aparente e substituem a mãe por atendentes. No entanto, no decorrer da hospitalização mostram-se anormalmente quietos, sonolentos, indiferentes e chorosos.

Spitz[17] comparou o desenvolvimento de crianças internadas em uma instituição onde cada mãe atendia seu filho e tinha poucas obrigações com o desenvolvimento de crianças internadas em instituições, atendidas por enfermeiras. Embora o padrão alimentar e higiênico de ambas as instituições fosse relativamente bom, notou-se um alto índice de mortalidade no segundo grupo e ausência desta no primeiro grupo. As crianças atendidas por enfermeiras mostravam-se deprimidas, desinteressadas pelo meio, choravam e gritavam à aproximação de pessoas, apresentavam falta de apetite, perda de peso, insônia, resfriados e eczemas. Essa síndrome tornava-se mais acentuada cerca de três a quatro meses após a separação das mães no segundo grupo. Quando a permanência na instituição se estendia além desse período, as crianças tornavam-se frias, rígidas, com os olhos inexpressivos e apresentavam frequentes atividades autoeróticas. Segundo Spitz, as crianças mais atingidas eram aquelas com idade aproximada entre seis meses e um ano de idade.

Muitos trabalhos[18] demonstraram que crianças que permanecem em instituições onde há uma diminuição no contato com adultos, quer por que há escassez de pessoal, quer por que se pretende diminuir as infecções cruzadas, apresentam déficits nos testes de inteligência. Pesquisas em que foram comparadas crianças de três anos de idade, criadas junto a pais substitutos, com crianças da mesma idade, criadas em instituições, demonstraram uma diferença de 28 pontos no QI (quociente intelectual). A evolução desses trabalhos mostrou que na idade de dez a 14 anos, sete a 11 anos depois que as crianças haviam saído das instituições, ainda havia uma diferença de 23 pontos no QI entre os dois grupos. Pode-se discutir se essas diferenças no QI indicam uma degradação permanente da inteligência (retardamento mental) ou se representam o resultado da falta de treino (retardamento educacional). No entanto, é certo que existe um período crítico para a criança em desenvolvimento, durante o qual o reforço precisa ser provido para que o desenvolvimento ocorra normalmente. Quando tal estímulo não é provido, o resultado deficitário pode ser permanente.

Existe, por outro lado, outro fator importante apresentado pelas crianças privadas de suas mães ou familiares. Trata-se da motivação. A criança estimulada que recebe reforço de seus familiares por suas conquistas sente-se animada a prosseguir. A criança que se encontra privada do contato de sua mãe ou de familiares só tem o próprio impulso interno a estimulá-la. E o conjunto de fatores negativos ligados à privação e à institucionalização quase sempre afeta e dificulta o desenvolvimento desse impulso. Portanto, a clínica e a experimentação indicam que o desenvolvimento intelectual está continuamente na dependência da interação entre o meio físico e o social. A ausência de estímulo cultural e emocional resulta em diminuição de habilidade funcional da criança. Essa falta de estímulo é a responsável pelo déficit intelectual apresentado em crianças institucionalizadas.

Lowrey[19] fez uma pesquisa com 28 crianças que haviam permanecido seus primeiros três anos de vida em instituições e pôde levantar algumas características importantes:

a. conduta associal;
b. agressão hostil;
c. falta de capacidade para dar e receber afeto;
d. falta de habilidade para entender e aceitar limitações;
e. insegurança na adaptação ao meio ambiente.

Em algumas crianças que tiveram a sua primeira experiência institucional após os dois anos de idade, essas características pessoais praticamente não se desenvolveram.

Bowlby[20] constatou que, se a separação materna ocorrer anteriormente aos seis meses de idade, a criança sofrerá principalmente prejuízo em seu desenvolvimento físico e intelectual. No entanto, se a separação ocorrer entre os seis meses e os cinco anos de idade, a criança desenvolverá um "caráter inafetivo" e falta de habilidade para estabelecer relações afetivas contínuas e efetivas, podendo apresentar desajustamentos às regras sociais (delinquência). Se a separação ocorrer após esse período considerado crítico, a criança terá condições de procurar e assumir relações que supram suas necessidades emocionais.

Na Pediatria do Hospital Brigadeiro – SUS, em São Paulo, foi realizado um levantamento dos efeitos da privação materna observados com mais frequência nas crianças internadas sem acompanhante.

Efeitos da privação paterna durante a hospitalização

Pediatria – Hospital Brigadeiro – SUS

a. angústia;
b. carência afetiva;
c. sentimentos de vingança;
d. culpa e depressão em consequência;
e. distúrbios emocionais;
f. sensação de abandono;
g. personalidade instável;
h. inapetência;
i. perda de peso;
j. falta de iniciativa/apatia;
k. problemas de sono;
l. diminuição da vocalização;
m. depressão;
n. apreensão;
o. tristeza;
p. atraso no desenvolvimento;
q. regressão no processo de maturação psicoafetiva;

r. comportamentos autoeróticos;
s. agressividade;
t. ocorrência de infecções;
u. manifestações psicossomáticas.

P. Sarti[21] publicou uma revisão de bibliografia sobre a privação materna, onde procurou enumerar as reações na esfera somática ou na esfera psicoafetiva, observadas em crianças hospitalizadas sem suas mães:

a. retardamento de crescimento e de desenvolvimento;
b. susceptibilidade a infecções;
c. perturbações digestivas e nutritivas;
d. dermatoses;
e. manifestações psicossomáticas;
f. distúrbios do sono;
g. distúrbios da linguagem;
h. manifestações de desadaptação;
i. hiperemotividade e variações de humor;
j. diminuição da afetividade;
k. desorientação;
l. distúrbios do comportamento;
m. indiferença;
n. agressividade;
o. depressão;
p. regressão;
q. perturbações da personalidade.

Alguns efeitos imediatos à separação ou privação materna causada pela hospitalização podem ser descritos. A criança pode reagir de forma hostil à mãe ao reunir-se novamente a ela, demonstrando recusa em reconhecê-la. Essa é uma situação extremamente embaraçosa para a mãe e para toda a equipe de saúde porque a criança se recusa a chegar perto da mãe e da família como uma forma de punição a seus familiares, que a "deixaram" no hospital. Se houver compreensão por parte da família, a situação pode ser contornada, mas, em geral, as mães não conseguem compreender a recusa da criança e passam à agressão, piorando todo o quadro.

A criança pode, também, passar a solicitar excessivamente a mãe ou as pessoas à sua volta, de forma possessiva, egocêntrica, alternando momentos de carinho e agressão. A criança pode, ainda, ligar-se de forma calorosa mas superficial a qualquer adulto que se aproxime, procurando suprir a carência de afeto que sente. Pode também, por fim, retrair-se apaticamente de qualquer envolvimento emocional.

Além disso, a equipe de saúde deve estar alerta às crianças que reagem apaticamente, pois há uma grande tendência a considerá-las "bons pacientes", que não "dão trabalho" e preocupação. No entanto, os princípios de saúde mental demonstram que essa é a reação mais temida em termos institucionais. Dificilmente a criança reagirá dessa forma à hospitalização. O choro, o desespero, o medo e a ansiedade serão as formas de expressão consideradas "saudáveis". As crianças apáticas, quietas, "boazinhas" mostram deterioração de seu equilíbrio interno, e, em decorrência disso, apresentarão sequelas graves e muitas vezes irreversíveis, causadas pela hospitalização.

Existem crianças que se mostram obedientes, fáceis de lidar, comportadas, ordeiras, além de fisicamente saudáveis, parecendo erroneamente estarem felizes. Nunca reclamam de nada, "a equipe é boa", a medicação, as restrições e as dietas são consideradas agradáveis e não lhes trazem sofrimento aparente. Essas crianças, enquanto hospitalizadas, não merecem preocupação da equipe de saúde, muitas vezes desatenta a esse problema. No entanto, sempre é preciso desconfiar de reações como essas. Ao voltar para casa, a criança se mostrará despedaçada, desajustada, e torna-se claro que o seu aparente ajustamento à situação de hospitalização e doença não se baseava num desenvolvimento real de sua personalidade.

Apesar disso, a experiência clínica mostra que não podemos generalizar a ocorrência de sequelas determinadas pela experiência de uma hospitalização. Cada vez mais, infelizmente, encontramos crianças que, apesar de todos os inconvenientes causados pela doença e pela hospitalização, mostram-se gratificadas e obtêm benefícios reais durante esse período. Em geral, são crianças espancadas pelos pais, extremamente carentes emocionalmente, que passam fome ou frio, que permanecem sozinhas em casa enquanto os pais trabalham, ou ainda em várias outras situações tão características de uma sociedade injusta e desumana. Uma sociedade que determina o absurdo de uma criança gostar de permanecer hospitalizada e doente para obter um pouco de carinho, comida e calor apesar das condutas terapêuticas agressivas.

De forma geral, a sensação de abandono também é agravada pelo fato de que muitas crianças nunca se separaram de suas famílias, ou ainda porque, quase sempre, a família esconde do paciente – por ansiedade, por estar despreparada e sofrendo muito com a situação – que este permanecerá hospitalizado. Somente ao chegar à enfermaria do hospital é que a criança percebe que ficará sozinha.

Da mesma forma, a sensação de abandono é agravada pela ausência da família no hospital (como já foi mencionado), pelo distanciamento da família à criança nos horários de visita (visitas pelo visor) e pelo estabelecimento rígido de horários de visitas. A experiência clínica mostra que quase sempre os sintomas clínicos se agravam e o período de permanência no hospital se estende, quando a criança se percebe só, abandonada, sem ter de quem buscar conforto.

2. Medo do desconhecido

Outro fator que dificulta o ajustamento da criança à situação de hospitalização e doença refere-se à questão de que, em geral, a realidade hospitalar é nova e, portanto, desconhecida à criança. Dessa situação de desconhecimento também muitas vezes participa toda a equipe de saúde ao negar informações ou simplesmente ignorá-las. Esse clima de suspense e desinformação faz aumentar as fantasias e os temores das crianças. Elas sabem que alguma coisa vai ocorrer, mas nada lhes é informado. E todas as crianças mostram imagens muito ruins a respeito da hospitalização, das rotinas hospitalares, dos médicos e da equipe de saúde em geral.

Na realidade, tudo é desconhecido à criança. Desde a própria enfermaria, o seu leito, as roupas que deve usar, os horários que deve seguir, as pessoas à sua volta, os exames prescritos, os alimentos, as medidas de higiene etc. À custa de muito medo e apreensão, as crianças exploram, descobrem, criam alternativas que lhes permitem conviver com a nova situação.

3. Sensação de punição/culpa

Outro dado importante, que mostra acarretar desajustamentos e consequentemente experiências traumáticas durante o período de hospitalização e doença, baseia-se no fato de que as crianças podem vir a encarar a doença como uma agressão externa, uma punição. Esses pacientes correlacionam o aparecimento da doença a fatores externos (não ter se alimentado devidamente, não ter obedecido à família) e relatam muita culpa por acreditar que erraram e que estão sendo punidos. Esse sentimento de culpa traz muito sofrimento à criança e dificulta o atendimento da equipe de saúde na medida em que o paciente pode se entregar à situação de doença, resignando-se aos cuidados médicos, à punição.

4. Limitação de atividades e estimulação

Além dos fatores citados, as crianças hospitalizadas devem suportar constantemente uma limitação de atividades imposta pela doença e pela estrutura física do hospital. O espaço físico limitado, a falta de estimulação e a própria rotina diária da enfermaria geram uma diminuição de atividades que entristecem a criança e determinam uma quebra brusca em seu desenvolvimento.

5. Aparecimento ou intensificação do sofrimento físico

Muitas vezes, ao ser internada, a criança passa a sentir dores ou tem intensificado seu sofrimento físico através dos exames realizados e das condutas agressivas. Os primeiros dias no hospital, em geral, são marcados pela realização de exames para se determinar um diagnóstico, justamente no momento mais difícil para a criança; insegura, temerosa, desfamiliarizada com as diferentes situações. Sem contar o grande número de crianças que chegam ao hospital sem nada sentir concretamente – portanto, não se sentem doentes – e que passam a vivenciar diretamente situações agressivas.

6. Despersonalização

Quando a criança chega ao hospital, tem uma concepção de si mesma determinada por disposições sociais mais ou menos estáveis no seu mundo doméstico. Ao ser internada, passa então a ser despida do apoio dado por essas disposições, ocorrendo uma série de rebaixamentos, degradações e profanações do seu "eu", que é sistematicamente mortificado, embora, às vezes, não intencionalmente.

A barreira que o hospital coloca entre a criança e o mundo externo também determina a mutilação do "eu". As crianças exercem determinados papéis coordenados harmoniosamente, e no hospital ocorre o despojamento do papel exercido, pois a separação da criança de seu mundo exterior perturba o desenvolvimento desses papéis. Assim, a proibição de visitas e do contato direto entre a criança e os visitantes acaba por assegurar uma ruptura profunda com os papéis anteriores.

Além disso, a hospitalização também determina outros processos de perda. A criança é despida, banhada, vestida com roupas da instituição. Recebe ou obedece ordens de permanecer num local determinado, devendo seguir as regras gerais da instituição. A criança é enquadrada nos moldes da máquina administrativa do hospital, sendo despojada de seus bens. E a substituição destes pelo hospital ocorre de forma padronizada (todas as crianças se vestem com pijamas iguais, deitam-se em camas iguais etc.). E esses bens substitutos pertencem à instituição, não permanecendo com a criança.

Além de passar por esse processo de deformação pessoal, muitas vezes a criança se depara com a desfiguração física pessoal, decorrente de mutilações diretas e permanentes de seu corpo. Ela pode vir a sentir que está num ambiente que não garante sua integridade física, ocorrendo, então, a partir daí, uma grande angústia quanto ao seu desfiguramento.

Além dos aspectos inerentes à hospitalização de crianças, descritos anteriormente, ou seja, privação materna/sensação de abandono, medo do desconhecido, sensação de punição/culpa, limitação de atividades e estimulação, intensificação ou aparecimento do sofrimento físico e despersonalização, existem alguns fatores que devem ser considerados e que influem nas consequências nocivas da hospitalização. São eles:

II. a. Idade da criança

Apesar de se considerarem as sequelas negativas causadas pela hospitalização em criança até dois anos de idade, a experiência clínica e os estudos na área determinam em consenso que a pior fase, ou seja, a etapa que mais traz consequências negativas a ela, é aquela entre os dois e os cinco anos de idade. A criança inserida nessa faixa de idade já consegue perceber a situação de hospitalização, de doença, mas tem ainda poucos recursos para entender e elaborar os acontecimentos, as perdas, as agressões.

II. b. Situação psicoafetiva da criança

Outro dado importante que com certeza determinará ou não consequências nocivas à hospitalização refere-se a como está o contexto ou a estrutura psicoafetiva dessa criança no momento do aparecimento da doença e da hospitalização.

II. c. Relacionamento prévio com a mãe e/ou substituta

Um bom relacionamento prévio com a mãe ou com alguém que a substitua determinará, com certeza, menos sofrimento à criança no momento de uma hospitalização. A criança confiante, segura, amada tem mais condições de enfrentar situações difíceis a ameaçadoras, criando recursos para estabilizar seu equilíbrio interno, conturbado com a ocorrência de uma hospitalização. A experiência clínica mostra que crianças cujo relacionamento com a mãe anterior à hospitalização é seguro, equilibrado sofrem menos durante o período de internação, restabelecem-se com mais rapidez e mostram poucas sequelas negativas pós-internação.

II. d. Personalidade da criança

Quem é esta criança que adoeceu e que está sendo hospitalizada? Quem é esta criança enquanto ser, enquanto pessoa? Como está se caracterizando essa personalidade em formação? Quais são os traços já discerníveis em termos de estrutura da personalidade? Como se desenvolveu essa criança antes da doença e da hospitalização? Como está caracterizado seu relacionamento interpessoal?

Conhecer a estrutura de personalidade da criança hospitalizada é tarefa imprescindível para reconhecer e trabalhar psicologicamente os aspectos negativos causados pela hospitalização. As diferenças individuais, as características próprias de cada criança irão nortear a atuação da equipe de saúde e a capacidade real do paciente durante este período.

II. e. Capacidade de adaptação

A capacidade da criança em enfrentar situações novas, desconhecidas e ameaçadoras é outro fator importante a ser considerado. No hospital, percebem-se com facilidade as diferenças em termos de atitudes e reações entre crianças mais seguras e crianças inseguras, que não conseguem criar alternativas para conviver com a situação de doença e hospitalização. A capacidade de adaptação dos pacientes está intimamente vinculada à estrutura de personalidade destes e ao relacionamento prévio com a mãe e/ou familiares. Por outro lado, o estabelecimento de uma relação segura e forte com a família resultará em menos sofrimento à criança. Esta tem segurança para permanecer no hospital, para enfrentar situações difíceis e agressivas, pois se sente apoiada e tranquila como pessoa.

II. f. Atitudes da equipe hospitalar

A maneira como a equipe de saúde desenvolve seu trabalho no hospital é outro fator importante a se considerar quando se discutem as consequências nocivas causadas pela hospitalização. Como está formada essa equipe? Quem são os profissionais que a compõem? Existe realmente um trabalho em equipe ou cada profissional desenvolve seu trabalho individualmente? São profissionais treinados e afeitos a trabalhar com crianças? São profissionais preocupados com a saúde mental das crianças internadas? Conseguem visualizar os pacientes como seres humanos que são ou se limitam a "curar doenças"?

As respostas a essas questões irão determinar um quadro dessa equipe e, por conseguinte, como reagirão as crianças nas diferentes situações. Uma equipe de saúde extremamente profissional que não consegue visualizar a criança como um todo doente, que não consegue ampliar seu campo de ação e assumir comportamentos e atitudes flexíveis e carinhosas é certamente uma equipe que terá pouco sucesso com crianças hospitalizadas. Além disso, pacientes hospitalizados em enfermarias pediátricas extremamente rigorosas e frias com certeza mostrarão maiores sequelas causadas pela hospitalização.

II. g. Rotinas hospitalares

Consideremos um exemplo que ilustra uma situação muito comum em enfermarias pediátricas: a auxiliar de enfermagem entra na enfermaria com a bandeja de medicamentos; a criança dorme em seu leito. A auxiliar de enfermagem abaixa as grades da cama, levanta a criança e tenta lhe administrar o medicamento. A criança reage gritando e se debatendo. A auxiliar de enfermagem usa de força física, segura a criança e lhe dá o medicamento. Fecha a grade do leito e se dirige a outra enfermaria.

É claro a qualquer indivíduo que assista a essa cena que essa criança dificilmente não mostrará sequelas negativas causadas pela hospitalização. E estamos, no caso, somente considerando o aspecto que se refere à medicação. O que não dizer dos exames, das condutas terapêuticas, do relacionamento equipe de saúde-família?

A rigidez profissional, a desconsideração dos aspectos biopsicossociais da criança doente e hospitalizada, o excesso de trabalho, o desinteresse na área, a falta de humanidade e, principalmente, de bom senso determinarão um ambiente de trabalho extremamente rigoroso e carregado de rotinas onde a criança significa uma peça a mais na estrutura institucional. A existência de rotinas rigorosas onde não existe possibilidade de se dar uma explicação ao paciente, de se atrasar por alguns momentos uma medicação ou um exame para que a criança possa compreender o que está ocorrendo é uma constante. Esquecem-se os profissionais de saúde que as crianças têm recursos para compreender, que elas podem participar do tratamento e ajudar, inclusive, se forem orientadas. Quantas enfermarias impõem às crianças internadas rotinas absurdas, rígidas, que somente beneficiam os próprios profissionais? Quantas enfermarias pediátricas não autorizam que as crianças desçam de seus leitos, impondo-lhes dias e dias de sofrimento em prol da boa organização das atividades? Quantas mães vivem dias de sofrimento e desespero ao não poderem visitar os filhos internados, por imposição da instituição que não permite visitas? Quantos recém-nascidos são abandonados nos berçários porque a barreira imposta entre a mãe e a criança acaba por desfazer os frágeis laços de afeto, determinados pela separação resultante da ocorrência da doença e hospitalização? Quando se consideram as rotinas vigentes em enfermarias pediátricas, uma expressão define tudo: bom senso.

II. h. Experiências vividas durante a hospitalização

As experiências que a criança sofreu enquanto hospitalizada determinam as consequências negativas ou positivas da hospitalização. Se ela vivenciou um período de hospitalização extremamente traumático, agravado por medidas terapêuticas agressivas, pelo ambiente ameaçador, por sofrimento, dor e pela imposição da separação da mãe. Se vivenciou momentos difíceis, se esteve hospitalizada por um longo período, se se deparou com uma equipe de saúde rígida e somente profissional, se não teve alguém a lhe oferecer apoio e ajuda, esse paciente provavelmente carregará consigo sequelas muito graves causadas pelo período de hospitalização. A situação contrária, sempre que possível, minimizará o sofrimento determinado pela internação.

II. i. Duração da hospitalização

A duração da hospitalização também é um fator determinante de sequelas mais ou menos graves à criança. Sabe-se que, ao serem internadas, as crianças passam por um período inicial de muita angústia e sofrimento determinado pelo ambiente desconhecido, pelas medidas terapêuticas para se determinar o diagnóstico ou tratamento, pela separação da família etc. Passados os primeiros dias, em geral, as crianças entram num período de "falsa adaptação", em que demonstram erroneamente estarem adaptadas ao hospital. Na verdade, esse período caracteriza a expectativa da criança pelo que lhe vai ocorrer. Crianças não se adaptam ao ambiente hospitalar; elas aprendem a conviver com a nova situação. Após aproximadamente 14 dias de internação, as crianças passam a apresentar uma grande apreensão e muita ansiedade quanto a sua melhora física. Este seria, considerando as diferenças individuais, o prazo máximo ideal para a hospitalização de crianças.

II. j. Tipo de internação

Uma internação de emergência é sempre muito traumática à criança, principalmente porque é bem provável que o paciente tenha recebido os primeiros atendimentos num serviço de pronto-socorro. A internação via pronto-socorro é extremamente agressiva e traz muito sofrimento à criança pela própria situação de emergência que se impõe. A ansiedade e o medo, muitas vezes acompanhados de dores, para se chegar ao hospital, a entrada no pronto-socorro de forma urgente e apressada, a separação da família, o vivenciar de condutas de emergências, agressivas e dolorosas, sem contar com o apoio e proteção dos familiares, a percepção do ambiente agressivo a sua volta determinam sequelas extremamente negativas à criança. Muitas vezes, ela, após receber os primeiros cuidados no pronto-socorro, é internada na enfermaria sem obter nenhuma explicação sobre o que lhe vai acontecer.

No lado oposto estaria um outro tipo de internação mais tranquilo, em que a criança e a família têm algum tempo de preparo e de elaboração dos acontecimentos. São as internações programadas, via ambulatório.

II. k. Natureza da doença

Muitos autores desconsideram a importância da doença como fator determinante de consequências negativas causadas pela hospitalização. No entanto, é inegável que uma criança portadora de uma patologia terminal vivenciará situações extremamente difíceis no hospital, acompanhada de uma família muito ansiosa e desesperada pela possível perda, ao contrário de um paciente portador de patologia simples e de rápido restabelecimento. A experiência clínica mostra que não evolui da mesma forma a internação de uma criança leucêmica e a internação de uma criança com pneumonia. Não se trata de se considerar somente o aspecto em si da hospitalização, mas sim todo o contexto que acompanha a doença.

III. Humanização do atendimento a crianças hospitalizadas

O papel que o hospital exerce, de promover saúde aos pacientes, também deve se ampliar na busca da humanização do atendimento e do período de hospitalização, na busca de voltar para o paciente-criança toda a energia possível no que concerne a alternativas e planos de ação.

Várias são as medidas preventivas e humanizadoras a serem utilizadas na tentativa de diminuir o sofrimento inerente à hospitalização das crianças. Consideremos as mais relevantes:

a. Indicação correta de internação

A indicação correta de internação refere-se a uma análise da necessidade real de internação da criança, considerando os aspectos médicos da questão e as conveniências do paciente e da família. Com essa medida, evitam-se internações desnecessárias, os inconvenientes causados pela hospitalização à criança, evita-se ocupação desnecessária com leitos e incentiva-se a participação ativa da família e da criança no processo de doença.

b. Preparação da criança para a hospitalização

É imprescindível que a criança seja preparada para a hospitalização e conheça as causas da internação, que tenha uma noção de sua doença, enfim, participe ativamente do processo. O preparo para a hospitalização deve ser realizado pelos pais, sendo estes as pessoas mais importantes e significativas para o paciente. Para tal, os pais devem receber um apoio adicional para o bom desenvolvimento da tarefa.

Os pacientes devem receber informações reais sobre a hospitalização de acordo, é claro, com a sua faixa etária e seu nível de entendimento. As informações devem ser realistas e gradativas e devem ser repetidas sempre que necessário. É importante que a criança dirija essa preparação, isto é, que tenha dúvidas, que questione, que mostre o caminho, seus medos, suas fantasias e que consiga elaborar a situação. A criança tem a sua verdade sobre a situação de doença e hospitalização. A sua verdade deve-se juntar à verdade do indivíduo que a prepara – se possível, sempre os pais.

A preparação para a hospitalização não deve ser negligenciada, mas também não deve ser prolongada ou excessiva, rica em detalhes que talvez a criança nem vivencie. O excesso de informações só faz aumentar a ansiedade e as fantasias do pequeno paciente. No entanto, devem estar presentes os aspectos ambientais da enfermaria, as pessoas e as rotinas mais comuns a que a criança estará exposta. É importante que ela saiba que a hospitalização obedece a um plano prévio e que os pais estão cientes disso. E importante, também, esclarecê-la sobre o aspecto temporário da situação (se for real) e incluir a preparação da volta para casa. Deve-se sempre ser franco sobre o aspecto da dor, da separação e das visitas. As crianças maiores de cinco anos de idade podem visitar a enfermaria em que permanecerão hospitalizadas poucos dias antes da internação. Outra medida interessante a ser desenvolvida com pacientes mais velhos é realizar a preparação com a ajuda de figuras, desenhos e dramatização.

Se os pais conseguem controlar seus temores, seu sentimento de culpa perante a doença do filho e sua ansiedade diante da hospitalização, conseguem realizar a preparação para a internação de forma clara e objetiva. No entanto, é muito importante que os pais não estabeleçam relação entre hospitalização e divertimento, discutindo os aspectos positivos e negativos da situação, que não enganem a criança e que de forma alguma mintam ao paciente. É preferível omitir do que mentir.

c. A chegada ao hospital

Tanto as crianças como os pais precisam de ajuda na chegada ao hospital. Esse é o momento crucial do processo de hospitalização, e deve ser considerado com muito bom senso e atenção.

Quando a criança chega à enfermaria, a equipe de saúde deve estar preparada para recebê-la amistosamente. Os primeiros momentos e os primeiros contatos realizados serão muito valiosos para que esse paciente possa suportar a hospitalização com menos sofrimento. Pode-se, inclusive, buscar alternativas de atendimento nesse momento junto à equipe. Em geral, ao chegar à enfermaria, a criança é separada abruptamente da família, seguindo com uma atendente que muitas vezes nem tenta conversar, dar alguma explicação ou acalmar a criança. A conduta geral é fazê-la parar de chorar (o choro sempre incomoda muito a todos), mesmo que para isso se usem mentiras ou ameaças. É interessante notar como as crianças são solidárias àquelas pessoas que compreendem seu choro e seu sofrimento, pessoas que estão realmente "ao seu lado". Depois, o paciente é levado pela atendente, normalmente chorando muito para proceder às medidas de higiene e para vestir as roupas do hospital. Nesse momento, ele é despojado de todos os seus bens. Depois, é colocado em seu leito, onde deve permanecer até a mãe vir se despedir (muitas vezes nem isso ocorre; a mãe é dispensada e não pode entrar na enfermaria onde a criança irá permanecer). Em geral, as grades do leito são levantadas, e a criança de repente se vê só, desprotegida, apavorada e principalmente abandonada. A acompanhante, enquanto isso, se encontra numa sala da enfermaria juntamente com o médico, que necessita de informações sobre a criança. Depois, o médico segue até o paciente e o examina. A seguir, prescreve as condutas terapêuticas cabíveis, que são imediatamente seguidas. À criança resta assistir a esse quadro desumano. Dificilmente lhe é dada a oportunidade de participar, de perguntar, de viver esse momento que, apesar de tudo, é seu.

Tentando tornar mais agradável a chegada ao hospital, de início pode-se proceder no sentido de não separar imediatamente a criança de seu acompanhante. A responsável por receber o paciente na enfermaria deve agir de forma alegre e amistosa. Depois, deve apresentar a criança à atendente responsável por seus cuidados. Se houver um psicólogo presente, este deve juntar-se ao grupo e caminhar pela enfermaria, mostrando calmamente e explicando à criança o ambiente no qual ficará internada. Ao mesmo tempo, ela deve continuar sendo alertada de que permanecerá na enfermaria com a finalidade de realizar um tratamento. Após conhecer o ambiente físico da enfermaria e de ser apresentada aos outros pacientes – sempre mostrando à criança que os outros pacientes também se encontram na mesma situação –, deve, com a mãe, proceder às medidas de higiene. A mãe ou o acompanhante deve ser induzido a banhar e a vestir a criança, pois dessa forma ela se sentirá mais protegida. Ao mesmo tempo, deve conversar com a criança, novamente mostrando-lhe que permanecerá na enfermaria porque necessita do tratamento médico, mas que receberá visitas e será bem tratada. A mãe ou o acompanhante deve ser ajudado pela equipe nesse processo de apoio à criança. Preparar a mãe também significa esclarecer sobre o sofrimento da criança, sobre o choro e a tristeza desta e, principalmente, sobre a necessidade de ser sincera. Esse é um aspecto que deve ser discutido com franqueza e com alguma insistência tanto com a família como com a equipe de saúde responsável pelo atendimento dela. Não é preciso mentir, como também não é necessário fazer promessas, inventar situações. As crianças, em geral, têm bastante condições de entender as explicações, mas sempre mostrarão um incrível descrédito e muita decepção se forem enganadas. O trabalho de conscientização e de estabelecimento de uma boa relação estará totalmente comprometido e será muito difícil num clima de mentiras e invenções. Insistir nesse ponto é tarefa das mais importantes dentro de um trabalho de psicologia hospitalar, principalmente porque todas as pessoas à volta do paciente mostram sempre uma forte tendência para amenizar o problema por meio de pequenas mentiras, invenções, ou ainda omitindo informações, seja por ansiedade, por sentimento de culpa ou impotência, ou simplesmente por incompetência.

Após ser vestida, a criança e a mãe devem seguir para que se realize o contato com o médico. O paciente poderá acompanhar a conversa entre o médico e o acompanhante. O médico, nesse contato, deve já iniciar o trabalho, explicando novamente a necessidade de internação. No exame físico que se segue, tanto o paciente como seu acompanhante devem ser induzidos a participar do processo de forma ativa. Da mesma forma, deve-se mostrar à criança que ela realizará esse exame diariamente e, como está doente, precisará ser tratada, necessitará permanecer internada, fará exames e, se for o caso, dieta, repouso etc. Nesse momento, novamente deve-se observar muita sinceridade nos dados a serem transmitidos. Nunca se deve dizer à criança que tudo está bem se na realidade não está. Nem pensar em afirmar que nada ocorrerá durante a hospitalização se é provável que o paciente realizará exames dolorosos e seguirá condutas terapêuticas agressivas.

Ao final do exame físico, deve-se orientar o acompanhante da criança a permanecer mais algum tempo junto ao paciente até que este possa se sentir mais seguro. Cabe ao médico, à enfermagem ou ao psicólogo verificar a necessidade da presença do acompanhante com a criança. É claro que o ideal seria que todos os pacientes pudessem ser acompanhados no hospital por algum membro de sua família. No entanto, mesmo não possuindo uma infraestrutura específica para receber todos os acompanhantes dos pacientes, é imprescindível que se verifiquem aqueles casos mais urgentes e que se determine a presença familiar. Como foi discutido anteriormente, algumas crianças reagem de forma mais segura ao processo de internação e à separação da família. Outras, ao contrário, reagem de forma desesperada. E no momento da internação já se consegue verificar esse dado com alguma segurança. A criança que permanecerá ao lado de seu familiar enquanto hospitalizada deve ser esclarecida sobre isso e deve confiar nesse elemento. Muitas vezes, nos primeiros dias de internação, os pacientes temem adormecer porque imaginam que a mãe ou o acompanhante vá se ausentar. A criança que permanecerá sozinha, sem a presença do familiar, deve ser esclarecida quanto aos horários de visitas e quanto à possibilidade dessas visitas. É sempre necessário insistir com a família para que não prometa visitas se não puder fazê-las com frequência. Sempre é melhor para a criança saber com certeza que receberá visitas, por exemplo, uma vez por semana, do que permanecer na incerteza e na dúvida, sofrendo a cada dia. Nesse caso, se a criança foi enganada e não recebe a visita esperada, acaba por concluir que realmente foi abandonada.

Quando se procede à internação de crianças muito pequenas, que pela pouca idade não têm condições para compreender a internação, deve-se tentar amenizar o sofrimento oferecendo-lhes carinho físico. Como já foi mencionado, esses casos são muito difíceis, na medida em que a criança não consegue entender o que está ocorrendo. Na verdade, a experiência mostra que crianças menores de cinco anos de idade não devem permanecer sozinhas no hospital. Em nenhuma situação. Essa é uma bandeira a ser carregada, esse é um assunto a ser discutido com muito ardor e afinco. Não é possível que os profissionais de saúde continuem insensíveis a esse aspecto.

Antes que o acompanhante se ausente da enfermaria, se faz necessário insistir para que visite a criança internada, tendo o cuidado, nesse momento, de verificar as reais possibilidades para que a visita diária ocorra. Muitas vezes, a família não tem condições financeiras de se dirigir ao hospital diariamente. Cabe, nesse caso, o apoio financeiro por parte do Serviço de Assistência Social Hospitalar.

Deve-se também orientar a família para que traga ao hospital um objeto muito querido pela criança, para que ela possa se sentir mais alegre e protegida. Também cabe à equipe levantar alguns dados no que se refere a hábitos mais comuns quanto à alimentação (a criança come só?, gosta de algum alimento em especial?, costuma tomar a alimentação no leito? etc.), quanto ao sono (a criança dorme só?, dorme no escuro?, tem algum ritual para dormir? etc.). Com isso, consegue-se eliminar alguns problemas muito frequentes na enfermaria.

Cabe, por fim, afirmar que se devem evitar procedimentos, diagnósticos ou condutas terapêuticas agressivas no primeiro dia de internação, sempre que isso for possível.

Com certeza, a criança a quem se deu a oportunidade de passar pelo processo de internação dessa forma terá condições melhores de suportar esse período tão difícil.

É importante citar uma exceção. As crianças que são internadas à noite muitas vezes não podem ser recebidas na enfermaria dessa forma descrita, tendo em vista que, à noite, o pessoal disponível responsável pelo atendimento é sempre limitado. Mas mesmo não podendo seguir todos os itens do processo, deve-se tentar esclarecer à criança o que está acontecendo e ainda pedir a permanência do acompanhante nessa primeira noite.

d. Prazo de internação – licenças

Quando devidamente apoiadas e preparadas para a permanência no hospital, as crianças conseguem permanecer razoavelmente bem durante um período que vai de dez a 14 dias de internação. Passado o impacto da internação e o sofrimento dos primeiros dias, a criança passa por um período de "falsa adaptação", onde inclusive pode vir a se alegrar com as atividades programadas e com as rotinas da enfermaria. Passado esse prazo, ela começa a se sentir triste, insegura, carente, saudosa da família e de sua casa, e muitas vezes temerosa sobre a sua melhora física, se o desenvolvimento desta for lento e gradativo.

Na medida em que não é possível impedir a hospitalização de crianças, deve-se adotar medidas necessárias a reduzir ao mínimo o período de internação. Esse fator deve ser discutido com toda a equipe de saúde responsável pelo tratamento da criança, considerando-se, inclusive, os prejuízos psicoafetivos à criança internada.

Sempre que possível, o período de internação deve ser reduzido, e o tratamento, passado a ambulatorial. Para isso, a família deve ser conscientizada sobre a importância da continuidade desse tratamento. Se a família pode compreender realmente os elementos que envolvem a doença da criança e a necessidade de tratamento, se é elemento ativo em todo o processo, não se negará a seguir o tratamento estabelecido. Principalmente se confiar no atendimento dispensado à criança e se mantiver uma boa relação com a equipe de saúde à sua volta.

Quando não existe a possibilidade de que o período de internação seja limitado, pode-se fazer uso de licenças temporárias. Crianças com patologias crônicas que necessitam de um longo período de internação para tratamento, ou ainda crianças cuja recuperação seja demorada, incerta ou impossível, devem receber licenças de fim de semana, feriados, datas importantes para elas e a família. A possibilidade de passar alguns dias em casa com a família é imensamente reconfortante para a criança e alivia sobremaneira a estada no hospital. Essas licenças devem ser explicadas à família, que preparará um ambiente amistoso à criança. O paciente deve ser preparado para a saída do hospital, para a permanência em casa e a posterior reintegração ao ambiente hospitalar. Esse preparo deve seguir a linha de atuação baseada na realidade da situação de doença. Uma explicação verdadeira sobre os aspectos da licença facilitará a volta ao hospital. E a criança, consciente do que está ocorrendo, terá melhores condições de elaborar e de aproveitar o período em casa, aceitando a reinternação.

e. Visitas – um direito da criança
Todas as famílias devem ser orientadas e incentivadas a visitar os pacientes enquanto estes permanecem internados. Por outro lado, o hospital deve

facilitar ao máximo as visitas às crianças. Ficam muito difíceis, o que vai ao encontro de qualquer disposição de humanização do período de hospitalização, as restrições que a maioria dos hospitais impõem aos pacientes, com horários impróprios e rígidos, restringindo o número de visitantes ou ainda limitando a visita a uma situação absurda e desumana, caracterizada pela permanência das crianças isoladas de seus familiares por um vidro. Não existe nada tão absurdo e inconcebível quanto a disposição das administrações dos hospitais e de suas equipes em coibir e dificultar o sistema de visitas. Além disso, as alegações para tais iniciativas se mostram sempre arbitrárias e principalmente desumanas, colaborando com a injusta política de saúde, em que o doente não passa de um simples objeto, sem sentimento nem sentido existencial. Em geral, os hospitais alegam que as visitas tumultuam a rotina diária dos departamentos, que os visitantes não sabem como proceder num ambiente hospitalar, exigindo explicações, fazendo comparações, exigindo bom atendimento, enfim, tentando tumultuar o funcionamento dos diferentes serviços. É comum ouvir de quem defende o afastamento dos pais e famílias do hospital que as tarefas se desenvolvem mais tranquilamente com a limitação das visitas. Que o tratamento é mais fácil sem a interferência da família, muitas vezes ansiosa e questionadora; que as crianças aceitam melhor a medicação longe de seus pais; que os pedidos de informação das famílias ansiosas atrapalham e chateiam a equipe; que o final da visita é um momento horrível para a criança, para os pais e para a equipe de saúde. Várias são as alegações dos hospitais para coibir as visitas, mas os argumentos e as objeções habitualmente levantados não resistem a um simples exame crítico. Vejamos, somente como exemplo, alguns deles:

1. "A visita diária aumenta o risco de infecções cruzadas"
Alguns estudos demonstraram que as visitas diárias não aumentam o risco de infecções cruzadas. Na verdade, a visita diária aumenta o número de pessoas na enfermaria, o que, *em tese*, aumentaria o índice de infecção. Mas a experiência mostra claramente que a própria equipe de saúde é responsável pelo índice de infecção cruzada ao manipular os diversos pacientes da enfermaria sem seguir normas de assepsia. Quem passa de uma criança a outra é a equipe de saúde, e não os pais visitantes. A observação de um horário de visitas numa enfermaria pediátrica mostra que as mães, em sua grande maioria, carregam seus filhos. As poucas exceções aparecem em visitantes que desejam acalmar a criança do leito vizinho que se encontra chorosa ou inquieta. Ninguém vai ao

hospital, no horário de visitas, carregar e cuidar de várias crianças na enfermaria. E da mesma forma com que os pais são orientados a lavar as mãos e seguir algumas normas de higiene antes da visita, podem ser alertados sobre o risco de infecção cruzada.

2. "Os pais não sabem como se comportar no horário de visitas, sentando nos leitos, mexendo na medicação endovenosa, oferecendo bolachas ou doces às crianças etc."

Nenhum indivíduo que não seja afeito às rotinas hospitalares sabe como se comportar num hospital, isto é, de acordo com as normas vigentes num hospital. E o absurdo está em afastar o problema em vez de educar as pessoas quanto a procedimentos extremamente simples.

Ensinar uma mãe a lavar as mãos antes de carregar a criança na visita é educá-la quanto a hábitos de higiene. Orientá-la para que não traga alimentos para a criança é fazê-la participar efetivamente do processo de doença e hospitalização, em que a responsabilidade pela dieta também deve ser dividida com a família. Num levantamento feito na Pediatria do Hospital Brigadeiro, 98% das mães entrevistadas afirmaram sua vontade de presentear os filhos no horário de visitas com alimentos: doces, balas, bolachas etc. Simbolicamente, os alimentos significariam uma tentativa de reaver o papel de provedora da nutrição, da segurança e assistência, que no caso está a cargo da instituição. No entanto, quando é feito o trabalho inverso, isto é, quando se explica a necessidade de uma dieta, quando a mãe consegue compreender a doença e a necessidade de hospitalização, dificilmente nota-se na enfermaria uma disposição diferente. Ninguém vem visitar o filho (salvo raras exceções) para piorar seu quadro físico. Mas a equipe de saúde necessita investir e orientar os visitantes. Talvez aí esteja o problema.

3. "Os pais atrapalham a rotina da enfermaria no horário de visitas, questionando condutas, fazendo exigências etc."

Quando o hospital consegue estabelecer com tranquilidade e principalmente com dignidade seu papel de provedor de saúde aos pacientes, dificilmente assumirá uma postura capaz de afastar os familiares. Se bem orientados, os pais não atrapalham as rotinas da enfermaria. Se bem orientados, não questionam absolutamente, mas sim são informados da evolução clínica de seus filhos. Por outro lado, dificilmente assumirão o papel de inquisidores se estiverem participando ativamente do processo de doença e hospitalização, é claro, com o apoio da equipe de saúde. É muito cômodo afastar a família porque esta questiona, enxerga as falhas, faz exigências. Difícil é assumir realmente o papel de provedor de saúde ao orientar e apoiar o paciente e seus familiares.

Muitos estudos demonstram com veemência o que a prática determina com a mesma força. Robertson[22] e Bowlby[23] demonstraram em estudos com crianças hospitalizadas na Inglaterra que, quanto maior a frequência das visitas, maior é a felicidade das crianças.

Em 1956, na Inglaterra, o relatório Platt[24] estudou as condições em que se encontravam as crianças hospitalizadas com menos de 16 anos, considerando também os dados obtidos com profissionais ligados à tarefa hospitalar. Desse relatório podem-se extrair algumas recomendações muito importantes:

1. As visitas às crianças não devem sofrer nenhuma limitação.
2. As mães de crianças de menos de cinco anos de idade devem tomar as medidas necessárias para acompanhá-las o maior tempo possível no hospital, colaborando com seus cuidados e evitando a angústia da separação.
3. Se não for permitida a permanência do familiar no hospital, é necessário que a instituição autorize e organize a visita sem limites rígidos.
4. Durante a visita é importante tratar a criança com naturalidade, como se estivesse "em casa".
5. Quanto menor a limitação de visitas, mais cômoda é a relação entre pais e funcionários.

Sharp[25] determina que crianças maiores de cinco anos podem suportar visitas somente duas vezes por semana. No caso de crianças de um a cinco anos de idade, as visitas devem ser diárias, segundo o autor. Da mesma forma, se os pais não puderem visitar a criança com frequência, devem telefonar ou escrever cartas, que simbolizariam o amor, o interesse e a segurança da qual a criança está carente. Quando a criança não sabe ler, a carta enviada pelos pais deve ser lida por alguém que mantenha uma ligação afetiva e carinhosa com o paciente.

Durante o período de visitas, os pais devem ser orientados pela equipe de enfermagem sobre as normas de assepsia necessárias ao encontro com a criança, buscando evitar contaminações. Se for o caso, os visitantes podem usar aventais para que assim, com mais segurança, possam carregar os pacientes.

Devem ser orientados também sobre a evolução da doença e do tratamento da criança. A explicação sobre a necessidade da medicação endovenosa, muitas vezes, evita o sofrimento e o pânico de uma mãe que ao visitar o filho depara-se com a administração de soro.

Os pais devem também ser encorajados a mostrarem-se à vontade com a criança, reservando as perguntas médicas ao profissional encarregado do tratamento do paciente, evitando sobrecarregá-la com preocupações que já estão presentes no dia a dia. Conversar sobre a casa, os amigos, a escola e a família é uma forma interessante de tentar restabelecer os vínculos afetivos comprometidos pela hospitalização.

As atitudes dos pais e visitantes no horário de visitas dependem de uma relação bilateral. Se, por um lado, a equipe de saúde deve facilitar o entrosamento entre os pacientes e as famílias, contribuindo para que esse horário seja agradável e benéfico para a criança, deve colocar-se à disposição para orientar e resolver possíveis dúvidas. Além disso, o comportamento dos visitantes estará vinculado à visão e ao conhecimento real da doença, ao sentimento de culpa quanto ao aparecimento da doença, aos sentimentos hostis para com a criança antes do aparecimento da doença, à gravidade da doença e, principalmente, às características da rotina hospitalar. Assim, pais equilibrados, apoiados pela equipe de saúde, participantes efetivos do processo de doença e hospitalização, conseguem brincar, alimentar e dar a atenção necessária requerida pela criança. Pais desinformados, que se mostram culpados pela doença do filho, assumem atitudes reivindicativas, projetando sobre a equipe de saúde sentimentos de culpa e hostilidade. Além disso, não conseguem estabelecer uma ligação afetiva com a criança no horário de visitas.

Mesmo em casos de doenças infecciosas, que requerem o isolamento do paciente, este deve receber visitas. Para tal, os pais devem seguir algumas normas observadas pela enfermagem: medidas de higiene (lavagem das mãos antes e após sair do isolamento), uso de aventais e máscaras protetoras (que devem ser vestidos à vista da criança para que ela possa reconhecer o visitante, evitando fantasias e sentimentos de abandono e desprezo), proibição de alimentos externos (frutas, doces, balas, bolachas etc). As visitas às crianças em isolamento devem ser consideradas com muita atenção pela equipe de saúde. Se a situação de doença e hospitalização traz tanto sofrimento à criança, a situação de isolamento aumenta sobremaneira as necessidades emocionais do paciente. Permanecer dentro de um isolamento durante vários dias é extremamente prejudicial à criança, que se sente totalmente abandonada pela família e pela própria equipe de saúde, que tem seus movimentos limitados, que sofre uma ausência total de estímulos. Torna-se dessa forma, imprescindível que esse paciente permaneça acompanhado no isolamento ou ainda recebendo uma atenção especial da equipe.

Como foi citado anteriormente, as crianças que permanecem internadas sem a presença constante de um familiar devem receber visitas diárias. Para isso, a administração do hospital e a equipe responsável pela enfermaria devem entender as necessidades dessas visitas e o bem que causam às crianças doentes. Sem essa conscientização, torna-se difícil qualquer disposição em modificar estruturas impróprias ou distorcidas. O primeiro passo seria, juntamente com a equipe responsável pelo setor, discutir os fatores benéficos que a presença dos familiares traz aos pacientes, além de demonstrar formas de estruturação desse horário predeterminado, de forma a não tumultuar o andamento da rotina do trabalho.

As crianças que recebem visitas diárias enquanto estão internadas mostram-se mais seguras e confiantes. Deve-se considerar que se torna impossível transmitir o mesmo afeto que uma mãe ou outro familiar. Por mais cuidados que se dispensem a esse paciente, a família sempre será a mais importante e sempre aliviará sobremaneira o sofrimento deste. Além disso, deve-se considerar em equipe que a criança doente encontra-se num momento difícil e traumático de sua vida e que necessita receber todo o apoio e carinho de sua família para não se sentir desamparada, desesperada.

Como foi discutido anteriormente, as visitas devem ser diárias. O hospital e a equipe responsável pela enfermaria devem estabelecer o melhor horário para que estas ocorram, considerando também as condições dos familiares da população internada. De nada adianta estabelecer um horário diário de visitas, se este for inacessível às famílias cujos membros residem longe do hospital. Em geral, um bom horário – se este realmente tiver que ser rígido – é o fim da tarde. As crianças podem, então, permanecer uma ou duas horas com a família, sendo acompanhadas no jantar e no momento de dormir. Durante os fins de semana e os feriados, esse horário pode ser ampliado para que aqueles que residem mais longe ou mesmo fora de município possam visitar suas crianças. Não se deve limitar o número de visitantes com excessiva rigidez. Todos querem ver a criança, e principalmente ela deseja ver a todos.

No momento da internação, a equipe de saúde deve explicar à família a importância da presença diária nos horários de visitas e qual a melhor forma de se proceder no decorrer destas. A família deve também ser incentivada a não mentir à criança quanto ao comparecimento às visitas. Sempre é melhor que a criança saiba verdadeiramente o dia em que receberá visita da família para que não se sinta enganada e traída. Os pais costumam mentir aos pacientes acreditando estarem amenizando o sofrimento da criança e o seu próprio. O horário de visitas deve ser um momento de carinho e alegria, e não um momento triste e constrangedor. A criança se sentirá extremamente perturbada se perceber os pais muito ansiosos e inseguros. Este será o sinal para que se sinta desamparada e sozinha num ambiente totalmente ameaçador.

Durante o horário de visitas, um elemento da equipe médica deve se encarregar de transmitir informações sobre o tratamento e a evolução da doença dos pacientes aos familiares. É interessante, inclusive, que a equipe se disponha a formar um grupo com a presença dos pais, do médico, da enfermeira, da assistente social e do psicólogo. Nesse grupo, os pais poderiam eliminar dúvidas, obter mais conhecimentos e orientações de forma organizada. Com isso, elimina-se a prática de transmitir informações rápidas e superficiais no corredor da enfermaria, muitas vezes de forma pouco clara, o que só aumenta o sofrimento da família e colabora para o maior distanciamento entre a equipe de saúde e o paciente. Todos os profissionais devem criar um vínculo forte e humano com os familiares. Conhecer a dinâmica familiar também faz parte de um tratamento coerente, humano, global. Da mesma forma que o período de visitas, a obtenção de informações é um direito da família, e não um favor obtido com os médicos. Muitas famílias temem incomodar a equipe de saúde com perguntas e dúvidas. Esse tipo de relação deve ser totalmente eliminado e coibido. As famílias devem ser incentivadas a perguntar sobre a doença e a evolução desta e a participar do processo de doença. Só assim poderão colaborar no tratamento, ajudar a criança, sofrer um pouco menos.

Um aspecto interessante a ser considerado é a questão dos pais que não visitam seus filhos no hospital. Apesar de todo o empenho da equipe de saúde para que eles façam a visita, é muito comum algumas crianças passarem praticamente todo o período de internação sem receber visitas. Em um levantamento feito na Pediatria do Hospital Brigadeiro em julho de 1985, mostrou-se que são várias as razões apresentadas pelos pais e familiares para a não visitação do paciente.

Razões dos pais para a não visitação dos pacientes internados

Pediatria – Hospital Brigadeiro – julho de 1985
1. Horário de trabalho incompatível com o horário de visitas.
2. Residências longe do hospital.
3. Dificuldades financeiras reais (impossibilidade de tomar condução para se dirigir ao hospital).
4. Impossibilidade de deixar filhos pequenos em casa para comparecer à visita.
5. Impossibilidade física (filhos ou pais doentes).
6. Ansiedade e culpa em relação à doença.
7. Ansiedade por responsabilidades imediatas.
8. Incapacidade ou dificuldade para suportar o sofrimento da criança.
9. Negação da doença.
10. Transferência da responsabilidade à equipe de saúde.
11. Abandono da criança.
12. Afastamento da criança (no caso de pacientes terminais).

Todos esses empecilhos levantados pelos pais para a não visitação dos pacientes determinarão consequências e transtornos graves nas crianças. Em geral, o paciente que não recebe visitas se ligará a elementos da equipe de saúde como forma de compensar a sensação de abandono sentida. Quando da alta, esse paciente mostrará muitas dificuldades para novamente se adaptar à família que o deixou no hospital. A convalescença será, então, marcada por graves transtornos de conduta.

O final do horário de visitas é um momento sempre muito difícil, seja para as crianças, para as famílias, ou mesmo para a equipe de saúde. É sempre muito doloroso assistir às crianças se separando de seus pais, na maioria das vezes chorando, inconformadas em ter que permanecer no hospital. Inclusive, algumas pessoas usam como argumento para se coibir a visita aos pacientes o fato de o final do período de visitas ser um momento doloroso e difícil. No entanto, a prática mostra que as crianças necessitam ver seus pais e suas famílias diariamente, mesmo que chorem por eles se ausentarem. Torna-se muito difícil para a criança aceitar a separação após o horário de visitas, mas é óbvio que é inadmissível para qualquer paciente aceitar permanecer no hospital sem a possibilidade de ver seus familiares. Se as crianças choram no final do horário de visitas é porque precisam de seus pais junto a elas. Proibir a visita é agir contraditoriamente. Além disso, o choro incomoda a todas as pessoas. Proibir a visita é afastar um problema, e não solucioná-lo. E fica aqui uma indagação: "De quem são as crianças?".

A criança pode reagir de diferentes formas ao final do horário de visitas. Pode passar a fazer perguntas compulsivamente à família, como forma de detê-los por mais algum tempo, pode chorar, pode mostrar hiperatividade, agressividade, pode querer dormir ou, ainda, mostrar comportamentos que denotem a perda de interesse pelo ambiente: chupar o dedo ou a roupa, masturbar-se etc. A criança pode, ainda, permanecer no corredor olhando ou esperando a volta da família.

O mesmo acontece com os pais ao ter dificuldade na separação. Alguns demoram longo tempo na despedida, voltando várias vezes para ver a criança; outros mostram impetuosidade ou, ainda, agressividade, saindo rapidamente da enfermaria. Todas as reações demonstram sofrimento determinado por ter que deixar a criança hospitalizada. Alguns pais também procuram ameaçar a criança para que esta não chore ou, ainda, mentem quanto à próxima visita, tentando diminuir o sofrimento dela e o seu próprio. Todas as famílias devem ser orientadas e ajudadas nesse momento. Cabe à equipe de saúde a responsabilidade e o apoio às famílias.

f. Preparo da alta

Da mesma forma que a criança deve ser preparada para ser internada, quando há indicação de alta hospitalar, os cuidados também são importantes. Aquela que participou de todas as etapas da hospitalização e da doença deve ser orientada ao receber alta. Se houver um bom relacionamento e entrosamento da equipe de saúde responsável pela criança, esse processo ocorrerá de forma natural e, mais uma vez, visará o bem-estar do paciente.

O preparo da alta deve iniciar-se quando o paciente já dá sinais de melhora e quando a equipe médica toma a decisão determinada. O próprio médico, que durante o processo de hospitalização fez a criança e a família participarem plenamente das condutas e da evolução da doença, deve participar à criança a melhora física e a possibilidade de alta para os próximos dias. Ao mesmo tempo, o médico já deve ir orientando o paciente e a família para a vida fora do hospital, os cuidados a serem tomados e as condutas a serem seguidas.

Simultaneamente, o psicólogo deve também ir orientando a criança e a família, preparando-as para a nova etapa.

Quando a criança foi internada apresentando uma patologia que não acarreta muitas consequências e acompanhamentos fora do hospital, a tarefa se torna mais simples. No entanto, quando apresenta uma patologia crônica, quando sofreu cirurgias mutiladoras ou, ainda, quando a alta é determinada pela impossibilidade de se determinar uma melhora, o preparo se torna tarefa imprescindível. A criança deve ser alertada de que vai sair do hospital e de como será sua vida dali para a frente. O preparo dá oportunidade para o paciente elaborar a situação de alta, o afastamento do ambiente hospitalar, dos amigos internados, da equipe de saúde.

A família, ao vir buscar a criança, deve conversar e receber orientação de toda a equipe de saúde (médico, enfermeira, nutricionista, assistente social e psicólogo). Os profissionais devem tentar ser claros e objetivos para que tanto a criança como a família se sintam apoiadas e seguras. Além disso, a família deve ser conscientizada sobre a importância da continuidade de tratamento.

Essa conduta visa concluir de forma coerente o processo humano e global de atendimento à criança hospitalizada. Agindo dessa forma, evitam-se constantes reinternações e o abandono do tratamento e do seguimento ambulatorial, e, principalmente, os constantes prejuízos à saúde física e mental das crianças.

IV. Atuação com os pacientes

A atuação com os pacientes objetiva fundamentalmente a diminuição do sofrimento inerente ao processo de hospitalização e doença. Dessa forma, a equipe de saúde deve atuar procurando fazer com que a hospitalização e a situação de doença sejam bem compreendidas pela criança e por sua família. Devem-se evitar, também, situações difíceis e traumáticas durante esse período. E, basicamente, toda a fundamentação do trabalho desenvolvido em pediatria deve objetivar que a criança e a família sejam elementos ativos no processo de hospitalização e doença, recebendo, é claro, um suporte verdadeiro por parte da equipe de saúde.

A atuação com os pacientes é operacionalizada por meio de estimulação, terapia pelo brinquedo e terapia de apoio (individual ou em grupo). O trabalho desenvolvido pelo Serviço de Psicologia na Pediatria do Hospital Brigadeiro compõe-se de diferentes atividades realizadas no próprio leito da criança, na sala de recreação ou, ainda, no pátio externo do hospital, onde as crianças tomam sol e brincam em dias de calor e de bom tempo. Ele tem características específicas, adequadas à situação e à realidade do hospital. Não existe, portanto, um consultório para os atendimentos. A enfermaria se transforma num "grande consultório", e nós aprendemos a trabalhar com o médico que realiza o exame físico, com a enfermagem que aplica um medicamento. Os atendimentos são sempre únicos, baseados no "aqui e agora", no momento vivido, na situação específica, sem limite de tempo. Os atendimentos são diários, e ainda são realizados plantões de fins de semana e feriados.

As crianças que vão à sala de recreação, aquelas que vão ao pátio do hospital e mesmo as que permanecem em seus leitos, recebem brinquedos como um meio de se atingirem objetivos mais amplos, ou seja, fazer com que as crianças expressem seus sentimentos enquanto hospitalizadas. Enquanto o paciente brinca, o psicólogo permanece junto, apoiando, conversando, brincando. Os resultados são surpreendentes, na medida em que, enquanto brincam, as crianças conseguem exprimir seus medos, falar sobre a doença, o tratamento, o hospital, a saudade da família, a morte etc. Brincando e conversando, os medos, as dúvidas, os acontecimentos e as condutas são elaborados, explicados exaustivamente, conseguindo-se quase sempre aliviar e esclarecer os pacientes de uma forma eficaz. O brinquedo age por si dentro da situação, preparando o caminho para a intervenção do psicólogo, à medida que a criança será incentivada a se expressar livremente. Manipulando brinquedos, criando situações parecidas com aquelas que têm vivenciado, as crianças têm conseguido, com alguma facilidade, aliviar o sofrimento causado pela hospitalização. Nesse contexto, as crianças não brincam por brincar. Mesmo que o paciente não consiga exprimir nenhum conteúdo mais expressivo durante o jogo, o fato de poder brincar, mexer com brinquedos, sair do leito, sentir-se apoiado, já traz um enorme alívio, dando condições à criança de agir por si na situação.

O psicólogo pode atuar tentando aliviar o sofrimento da criança quando:

- esta teme a doença e a hospitalização;
- esta teme um exame ou o medicamento;
- esta teme a equipe de saúde e o próprio ambiente;
- ela quer falar de si, da doença, da família;
- ela chora a ausência da mãe ou da família;
- sente-se abandonada;
- necessita receber orientação no sentido de entender melhor o processo pelo qual está passando;
- pede explicações sobre um exame;

- a equipe médica pede que ela seja preparada para um exame;
- ela necessita fazer dieta, controle hídrico ou repouso no leito;
- necessita permanecer no isolamento;
- a hospitalização é prolongada;
- a hospitalização é agressiva (exames, condutas etc.);
- dores a incomodam;
- torna-se apática;
- apresenta distúrbios de conduta;
- é um paciente terminal;
- quer e precisa chorar;
- não recebe visitas frequentes;
- necessita de afeto e apoio;
- precisa se sentir segura;
- precisa diminuir seus medos, culpas e dúvidas;
- torna-se rebelde e agressiva;
- recusa-se a brincar;
- necessita eliminar fantasias e falsos conceitos;
- quer falar, conversar, ser ouvida;
- quer falar sobre a morte.

O psicólogo deve atuar procurando:

- incentivar atividades produtivas e expressivas;
- levantar e orientar problemas apresentados pelas crianças;
- diminuir o sofrimento inerente à hospitalização e ao processo de doença;
- melhorar a qualidade de vida do paciente;
- fazer com que a criança e a família compreendam a situação de doença e hospitalização;
- evitar situações difíceis e traumáticas, sempre que possível;
- fazer do paciente e da família elementos ativos no processo;
- tentar organizar a vida do paciente buscando conviver da melhor forma possível com a doença;
- estimular a criança para a vida;
- aceitar e compreender a criança e sua doença;
- ajudar o paciente a conviver com a nova situação;
- conversar, conversar, conversar;
- dar espaço para a criança se exprimir e elaborar seus sentimentos.

1. Crianças de zero a um ano de idade

A atuação com crianças de zero a um ano de idade visa minimizar a sensação de abandono que sentem, causada pela ausência da família, a limitação de atividades e estimulação a que estão expostas. Nós também procuramos considerar um dado importante. A criança recém-nascida, que durante nove meses se manteve protegida, alimentada, num ambiente calmo e aconchegante no ventre da mãe, depara-se, enquanto hospitalizada, com um ambiente totalmente hostil, ameaçador. De uma situação anterior estruturada e tranquila, passa a vivenciar as condutas agressivas, os exames, as dietas, os cuidados impessoais e nem sempre carinhosos de pessoas estranhas. Por outro lado, existe uma tendência a menosprezar os sentimentos e as sensações dos bebês, alegando-se a falta de capacidade destes para entender os acontecimentos. Na verdade, os recém-nascidos podem não ter estrutura para entender concretamente o que se passa a sua volta, mas são integralmente sentimento, aprendendo e sentindo cada mudança, cada agressão, cada momento de carinho e conforto. Os óbitos, a constante ocorrência de septicemia e o sofrimento – na maioria das vezes calado e solitário – desses bebês dentro dos berços nos levaram a criar alternativas e formas de atuação que pudessem, de alguma forma, minimizar esse quadro desumano. Nós, então, passamos a incentivar o aleitamento natural, as visitas constantes da família e principalmente, quando a equipe detecta o agravamento do quadro, procuramos manter a mãe junto à criança, realizando os cuidados desta, incentivando o contato direto e carinhoso. Graças a essa reformulação, vários bebês conseguiram reagir e se recuperar totalmente, após estarem em estado gravíssimo.

Os bebês um pouco maiores recebem o mesmo tipo de orientação. É solicitada a permanência da mãe no hospital se a criança estiver sofrendo muito ou, ainda, se seu estado físico se agravar. Se a família não permanecer no hospital, nós estimulamos as visitas diárias, sempre, é claro, considerando a realidade desta. Se a família não tiver condições de se dirigir ao hospital todos os dias, torna-se aviltante obrigá-la ou, ainda, sobrecarregá-la com uma obrigação que não pode cumprir. Nesse caso, procuramos discutir formas alternativas que permitam a visita diária.

O espaço físico ocupado por esses pacientes tenta ser alegre e estimulante por meio do uso de móbiles presos às grades dos berços e figuras coloridas nas paredes. Nós temos alguns móbiles industrializados, coloridos e alegres, próprios para estimulação visual, auditiva e tátil. Também confeccionamos móbiles que produzem o mesmo efeito e que, por serem feitos pelas próprias crianças e com material barato, traduzem uma solução simples, barata e eficaz. Usamos "rolinhos" vazios de papel higiênico, e as crianças maiores, nas atividades de artes, na sala de recreação, os revestem de papel laminado e colorido. Após isso, nós, acompanhados dessas mesmas crianças, penduramos com fita-crepe três ou quatro rolinhos de um lado a outro dos berços dos bebês. As crianças que nos acompanham nessa atividade mostram um carinho muito grande pelos bebês internados e têm a oportunidade de visualizar, acariciar e conversar sobre a doença deles (podendo relacioná-la com a sua própria doença). Essa situação estimula a interação espontânea existente entre as crianças e pode fazê-las compreender a saudade da família, dos irmãos menores, o próprio sentido da hospitalização e doença. Além disso, a criança se sente útil, ativa, participando do processo de hospitalização. Quantas vezes um paciente arredio, triste e apático aceita participar das atividades de artes e sorri ao acariciar um bebê ou em resposta às suas brincadeiras com o móbile?

Certa vez, um paciente de dez anos de idade que aceitara participar pela primeira vez das atividades programadas pelo Serviço de Psicologia e que até então se mostrara triste, agressivo, não conseguindo compreender a razão de sua permanência no hospital, ao nos ajudar a pendurar o móbile que tinha feito no berço de um bebê, permaneceu longo tempo observando e acariciando a criança pequena. Perguntou-nos, então, o que aquele bebê fazia no hospital e assustou-se ao saber que o bebê também estava doente e que, dessa forma, deveria permanecer hospitalizado para tratamento. Durante algum tempo, contou-nos sobre seus irmãos também pequenos, sobre a saudade da família, sobre a tristeza e a desesperança de permanecer no hospital. Contou-nos também que achava que aquele bebê sofria muito e que se para ele era tão difícil permanecer doente no hospital, o que dizer de uma criança tão pequena. Sentamos ao lado do berço e conversamos durante muito tempo sobre todo o seu processo de doença e hospitalização, seus temores, fantasias, sobre a culpa que sentia por estar no hospital (acreditava que havia ficado doente porque não obedecera aos pais que exigiam notas melhores na escola). Ao final, visivelmente mais tranquilo e aliviado, o paciente passou a brincar e a rir com os movimentos de alegria e brincadeira do bebê próximo ao móbile. Ao nos despedirmos do bebê, a criança disse-nos que nunca poderia imaginar que um bebê tão pequeno pudesse brincar feliz no hospital e que ela estava muito contente em poder ajudar nisso. A partir desse dia, passou a visitar o bebê diariamente e criou um laço afetivo tão forte com este, a ponto de ajudar a enfermagem em seus cuidados. Passou, então, a participar de todas as atividades na enfermaria, bem mais calmo, seguro e alegre, conversando sobre a sua doença e seu tratamento.

Quanto às figuras coloridas nas paredes como forma de estimulação, de início passamos a confeccioná-las em cartolina colorida e as pregávamos nas paredes, próximas aos berços e nos corredores. Cada enfermaria foi decorada com um motivo específico. Assim, enchemos de figuras de coelhos a enfermaria que passou a se chamar "Cidade dos Coelhos". Da mesma forma havia a "Cidade dos Patinhos", "Cidade dos Ursinhos", "Cidade das Corujinhas" etc. As crianças adoraram a ideia e a equipe de saúde passou a localizar os pacientes pela nova denominação das enfermarias. No entanto, com o passar do tempo, devido à necessidade de constante limpeza e desinfecção das paredes, as figuras necessitavam ser constantemente despregadas e novamente penduradas, trabalho desgastante tanto para o pessoal de limpeza como para as próprias figuras. A partir dessa primeira experiência, conseguimos figuras plastificadas, grandes, que podiam ser lavadas sem ser retiradas das paredes. No entanto, as figuras, mesmo plastificadas, não suportaram as constantes limpezas e desinfecções. Pensamos, então, em estabelecer um estímulo fixo que permanecesse nas paredes e que não dificultasse o processo de limpeza. A melhor forma encontrada por nós foi pintar as paredes com figuras coloridas, alegres e significativas. Essa é uma opção trabalhosa, mas finalmente definitiva, que traz beleza, estimulação e alegria às paredes frias e cinzentas das pediatrias.

Esta é uma questão muito importante a ser considerada. Uma enfermaria pediátrica deve ser sempre um lugar alegre, cheio de vida, e nunca um ambiente hostil, cinzento, despido de cor. Se a proposta é fazer com que as crianças tenham seu sofrimento minimizado no hospital, o ambiente físico tem um papel importantíssimo no sentido de dar alternativas e estimulação às crianças. Em um estudo realizado em agosto de 1984 na Pediatria do Hospital Brigadeiro, pôde-se levantar alguns dados importantes no que se refere à questão de tornar as paredes e enfermarias estimulantes. Naquela época, contávamos com duas enfermarias cujas paredes, recém-pintadas, estavam despidas de qualquer estímulo. O resto da enfermaria contava com estímulos nas paredes e móbiles nos berços. Sem relacionar ou chamar atenção para o fato (apesar de 92% das pessoas inquiridas terem feito a relação ambiente agradável/ambiente decorado, ambiente bonito/ambiente decorado), questionamos as crianças, a equipe de saúde e os pais sobre os ambientes escolhidos. No caso, a sala de recreação (decorada com pinturas e desenhos das crianças e palhaços), uma enfermaria de bebês (decorada com figuras nas paredes e móbiles nos berços), uma enfermaria de crianças maiores (decorada com figuras nas paredes), uma enfermaria de bebês sem decoração nas paredes, mas com móbiles nos berços e uma enfermaria de crianças maiores despida de qualquer estímulo. Todos os entrevistados deveriam afirmar se achavam o ambiente determinado agradável ou desagradável para se permanecer, bonito ou feio. Os resultados mostraram o seguinte:

Sala de recreação

Crianças		Equipe		Famílias	
agradável	98%	agradável	100%	agradável	99%
desagradável	2%	desagradável	–	desagradável	1%
bonita	99%	bonita	100%	bonita	100%
feia	1%	feia	–	feia	–

Enfermaria de pacientes maiores com estímulos

Crianças		Equipe		Famílias	
agradável	95%	agradável	98%	agradável	97%
desagradável	5%	desagradável	2%	desagradável	3%
bonita	97%	bonita	98%	bonita	98%
feia	3%	feia	2%	feia	2%

Enfermaria de bebês sem estimulação, mas com móbiles nos berços

Crianças		Equipe		Famílias	
agradável	23%	agradável	46%	agradável	33%
desagradável	77%	desagradável	54%	desagradável	67%
bonita	18%	bonita	32%	bonita	25%
feia	82%	feia	82%	feia	75%

Enfermaria de pacientes maiores sem qualquer estímulo

Crianças		Equipe		Famílias	
agradável	11%	agradável	42%	agradável	36%
desagradável	89%	desagradável	58%	desagradável	64%
bonita	9%	bonita	12%	bonita	25%
feia	91%	feia	88%	feia	75%

Esses dados vêm comprovar a importância de um ambiente físico estimulante e alegre não somente para os próprios pacientes, como também para as famílias e a equipe de saúde. Para as crianças maiores, a partir de três anos de idade, nota-se a importância de se vincular o estímulo visual à hospitalização. Quanto mais a atenção para o momento vivido, mais oportunidades se tem de obter um resultado satisfatório enquanto elaboração do período de doença e hospitalização. Assim, os estímulos escolhidos devem estar vinculados ao processo; o palhaço recebe uma mala de médico e um estetoscópio e se transforma num "palhaço-médico", a floresta está cheia de "bichinhos-pacientes", "bichinhos-enfermeiros", "bichinhos-médicos", os anões e a Branca de Neve ajudam a cuidar de alguns animais doentes, a girafa está tomando soro, o macaco toma um comprimido, e assim por diante. Além desses estímulos mais específicos, que agem como elemento facilitador à elaboração de sentimentos dos pacientes, pode-se também aproveitar as festividades mais comumente comemoradas e decorar as enfermarias de acordo: bandeirinhas, flores e frutos na primavera, decoração natalina, bolas no dia das crianças, coelhos na Páscoa etc.

Para as crianças menores de três anos de idade, vale lembrar a importância de um ambiente rico em estímulos que vá ao encontro da monotonia de dias e dias de internação. Muitas vezes, os bebês permanecem horas e horas virados de um mesmo lado, olhando para a mesma parede sem estímulo, comumente pintada de cores neutras. A cada dia notamos a importância de chamar essas crianças para a vida, para as cores, para um ambiente um pouco menos hostil.

Com as crianças de seis meses a um ano de idade, a equipe de saúde é orientada a agir de forma afetiva e carinhosa. A criança deve receber alimentação no colo da atendente de enfermagem ou da mãe e sempre que possível deve sair do berço, permanecendo no colo. As atendentes de enfermagem devem ser orientadas a estimular, conversar, cantar e embalar os bebês. A partir do momento que essa criança pode permanecer sentada, deve ser levada para a sala de recreação, para as atividades no pátio, tendo em vista que isso vai diretamente ao encontro da limitação de atividades e estimulação nas enfermarias pediátricas. Como foi citado anteriormente, é muito comum um bebê permanecer o dia inteiro alternando momentos de sono e atividade, deitado inerte, na mesma posição, a olhar para uma parede vazia e sem cor da enfermaria, ou para o plástico que recobre a tenda úmida ou, ainda, para as paredes da *isolette*. Se essa situação perdurar por um período longo, a criança pode apresentar sequelas irreversíveis em seu desenvolvimento. Na Pediatria do Hospital Brigadeiro, usamos bastante as cadeirinhas tipo "bebê conforto", que possibilitam levar as crianças a diferentes locais. Além disso, no berço, a criança tem a opção de permanecer sentada, e seu campo visual se amplia, possibilitando maior entretenimento e estimulação. Temos também um cercadinho, onde as crianças que já sentam sozinhas podem permanecer brincando e receber estimulação mais específica. Esse trabalho de estimulação é feito com móbiles, bolinhas de borracha, cubos, argolas, brinquedos de encaixe.

Nós procuramos sempre tirar os pacientes de seus berços em um período do dia. É impressionante como essa conduta aparentemente simples traz consequências benéficas às crianças. Quantas vezes o residente nos alerta para um determinado bebê que não se alimenta ou responde de forma pouco satisfatória ao tratamento e procuramos então averiguar com a equipe a possibilidade de alterar a medicação endovenosa para que ele tenha maior liberdade de movimentos e possa sair de seu berço, passando a apresentar uma recuperação mais rápida e eficiente.

Quanto às crianças menores de um ano de idade que permanecem sem acompanhantes no hospital, procuramos estimular as mães presentes na enfermaria a dispor de alguns momentos de atenção, carinho e amor. Geralmente, as mães acompanhantes de crianças maiores acabam por "adotar" (e é este o termo utilizado por nós em reuniões quando pedimos ajuda nesse sentido) um bebê, ajudando na alimentação, na troca de fraldas, no banho, e dispensando carinho e atenção, o que para a criança é o mais importante. Por outro lado, essas crianças recebem uma atenção especial da equipe de saúde.

2. Crianças de um a 12 anos de idade

A atuação com as crianças a partir de um ano de idade até a idade limite da enfermaria, 12 anos, visa primeiramente considerar a permanência ou não da mãe no hospital. Da mesma forma exposta anteriormente com relação às crianças menores, se a mãe não puder permanecer no hospital, nós procuramos estimular as visitas diárias. As enfermarias recebem figuras e móbiles como forma de estimulação e de amenizar o ambiente hostil. Dentro dos limites que envolvem a rotina diária de trabalho, essas crianças permanecem o mínimo possível em seus berços e participam de todas as atividades propostas. A equipe médica dificilmente estabelece a necessidade de repouso absoluto no leito, aos pacientes, e mesmo recebendo medicação endovenosa as crianças são levadas à sala de recreação e criam formas de brincar e se divertir apesar da limitação imposta pelo soro. Como as crianças sabem exatamente qual é a necessidade de medicação e participam ativamente do processo de doença e hospitalização, procuram cuidar-se, resguardando-se de brincadeiras abruptas e, inclusive, alertam a enfermagem quando do esvaziamento do frasco de medicação. As crianças à volta também se tornam mais cuidadosas, muitas vezes ensinando àquele que está recebendo medicação endovenosa a melhor forma de ajeitar o braço, a mão ou a perna imobilizada pelo soro. A criança, então, deixa de ser "paciente" que assiste e teme o desenrolar dos acontecimentos sem nada saber. Ela realmente participa, entende, se preocupa, se cuida. E com isso – nós temos certeza – as crianças sofrem menos.

A equipe de saúde procura sempre conversar, estimular, compreender e respeitar os pacientes, alimentando-os e tratando-os afetivamente. Toda a equipe de saúde já participa do processo de explicar os aspectos da doença, hospitalização e tratamento, sempre seguindo o referencial e o nível de entendimento da criança. O interno e o residente responsável pelo leito mantêm uma relação calorosa e íntima com cada criança. Não significa, como é tão comum, se referir ao leito pelo número ou pela síndrome, mas sim de se empenhar pelo caso, de acreditar na capacidade da criança, de explicar os aspectos da doença, a necessidade dos exames e do tratamento. Não se trata somente de aprender a patologia, mas sim de ver a criança como um todo, de buscar alternativas que lhe tragam a certeza de um bom trabalho, e ao paciente, a segurança e o bem-estar consequente.

Em geral, logo pela manhã, a criança, ao ser examinada pelo interno, recebe algumas informações sobre o desenvolvimento de seu tratamento. Já sabe, então, se realizará exames, se continuará a receber medicação endovenosa ou se permanecerá fazendo dieta, por exemplo. Após isso, é reexaminada pelo residente, que também procura manter um bom relacionamento com o paciente, dando-lhe todas as explicações, procurando realizar um trabalho efetivo e coerente com as necessidades da criança. É gratificante notar o envolvimento de toda a equipe de saúde com as crianças internadas. Para aqueles que acreditam na humanização do atendimento às crianças, fica a certeza do papel cumprido como profissional da área de saúde.

Todas as crianças participam diariamente de atividades programadas pelo Serviço de Psicologia. Anteriormente, no início do trabalho, preferíamos deixar que elas escolhessem, entre diferentes atividades, aquela que mais lhes agradasse. Naquela época, possuíamos pouco material e também pouca experiência. Com o passar do tempo, com a chegada de novos brinquedos, começamos a perceber que as crianças se encantavam diante da possibilidade de mexer e brincar com tal variedade de brinquedos que acabavam não se fixando e não se satisfazendo com nada. Pensamos, então, em organizar atividades diárias e as brincadeiras e os atendimentos numa tentativa de sistematizar o trabalho desenvolvido. Nós também acabávamos por nos perder num turbilhão de brinquedos. E, na realidade, o objetivo não é fazer com que as crianças brinquem por brincar, mas sim que por meio do brinquedo verbalizem e elaborem seus sentimentos enquanto pacientes. Dessa forma, passamos a organizar todas as atividades com o objetivo de facilitar às crianças esses elementos primordiais para que suportem da melhor forma possível esse período tão difícil.

As crianças são atendidas diariamente por psicólogos, alunos do Curso de Especialização em Psicologia Hospitalar do Instituto Sedes Sapientiae. Logo pela manhã, a atividade se inicia com a verificação dos leitos e prontuários e a distribuição do trabalho. Cabe também ao psicólogo que se propõe a trabalhar no hospital conhecer a história clínica do paciente, um pouco de cada patologia, para que assim possa direcionar melhor sua linha de atuação. É impossível preparar uma criança para uma cirurgia sem ter dados básicos sobre seu quadro clínico, por exemplo.

Atividades programadas
Serviço de Psicologia – H. Brigadeiro

1. Artes (pintura, desenho, colagem, recorte e modelagem)
2. Dramatização
3. Teatrinho de fantoches
4. "Boneco paciente"
5. "O trenzinho"
6. Música
7. Brinquedo dirigido
8. Brinquedo livre
9. Atividades especiais e comemoração de datas festivas

Procuramos coordenar, num determinado dia, uma atividade dirigida e uma atividade livre para que as crianças também tenham a oportunidade de brincar livremente. Apesar de estabelecermos atividades, existe uma flexibilidade considerada pelo momento do grupo. Se o grupo deseja desenvolver uma atividade que não está programada, nós discutimos e chegamos a um acordo. As crianças internadas são divididas em grupos; pacientes de zero a um ano de idade são estimulados nos leitos e são retirados dos berços para atividade específica de estimulação na sala de recreação, realizada no "bebê conforto" ou no "cercadinho", conforme a idade. Permanecem no colo também, acompanhando as crianças maiores. Estas são levadas para a sala de recreação para o desenvolvimento das atividades programadas. Só permanece no leito quem realmente não pode levantar pela gravidade do estado físico. Mesmo que o paciente não queira participar, ele é incentivado a permanecer com as outras crianças para que tenha a oportunidade de entrar no jogo no momento que desejar ou ainda assisti-lo. Em geral, as crianças têm grande facilidade para trabalhar em grupo e para desenvolver as diferentes atividades dessa forma.

2.1 Artes
A atividade de artes se refere a pintura a dedo, com guache, desenho, recorte, colagem, modelagem etc. A atividade é sempre dirigida, embora as crianças tenham liberdade, se desejarem, de criar livremente. Assim, propomos às crianças que pintem o hospital, a família, sua casa, a escola, o tratamento etc., tentando facilitar com o estímulo a verbalização e a organização dos sentimentos emergentes. Assim, elas recortam de revistas figuras sobre o hospital, a equipe de saúde, seu tratamento. Várias vezes durante o ano, nas atividades de artes, montamos um hospital com recortes de jornais e revistas. As crianças recortam tudo o que acham que existe no hospital, e nós montamos um painel, em forma de prédio. É interessante notar as figuras escolhidas, nem sempre de acordo com a realidade vivida. Então os pacientes que seguem dieta rígida acabam recortando figuras de alimentos belíssimos e gostosos, as camas escolhidas são sempre muito bonitas e enfeitadas etc. Todos esses aspectos são trabalhados aproveitando-se a oportunidade. Enquanto as crianças desenvolvem seus trabalhos, os psicólogos estão sempre atentos, à disposição, procurando conversar e estabelecer relações sobre o momento vivido pelo paciente. Os resultados são sempre muito ricos porque, em contato com o material, os pacientes têm a oportunidade de criar, de estabelecer relações, de conversar e de se sentir bem mais aliviados.

As crianças também fazem com guache ou pintura a dedo desenhos sobre o momento da hospitalização. Conseguem por meio do desenho externar seus sentimentos e serem ajudadas com relação a sentimentos de culpa, agressividade, saudade da família, fantasias e medos. É muito comum as crianças desenharem o hospital em preto, enorme, com pacientes minúsculos, desproporcionais, refletindo a postura de medo perante o desconhecido e, principalmente, demonstrando graficamente a situação de impotência perante a instituição. Crianças que recebem poucas visitas desenham os pais chegando ao hospital com presentes e doces ou, ainda, o que é muito comum, um enorme hospital, cheio de janelas mas vazio. Conversar sobre os desenhos é uma atividade muito rica e que ajuda muito o paciente ansioso, intranquilo, cheio de fantasias.

Nós usamos também figuras pré-desenhadas para que as crianças pintem e contem histórias. São figuras sobre o tratamento, a hospitalização, a equipe de saúde, a família etc. Após pintar as figuras, as crianças contam histórias sobre o desenho, como num teste projetivo.

Com massinha, os pacientes têm oportunidade de modelar as diferentes situações que vivenciam, os instrumentos usados pela equipe de saúde, os pacientes, os objetos do hospital etc.

2.2 Dramatização

A atividade preferida pelas crianças – e por nós também – é aquela em que os pacientes dramatizam as mais diferentes situações. Conforme o grupo, o interesse, as vivências e a faixa de idade predominante, as crianças escolhem um tema e desenvolvem a dramatização. Quase sempre, preferem dramatizar situações de cirurgias ou exames físicos agressivos (justamente elaborando seus medos, fantasias, agressividade etc.), mas também dramatizam atendimentos médicos de consultório, atendimentos na enfermaria, no pronto-socorro. É interessante ressaltar que sempre, nas diferentes situações dramatizadas, as crianças são médicos ou enfermeiros. Dificilmente uma criança pede para ser o paciente a ser operado ou examinado. Se houver uma liderança forte no grupo dirigindo as diferentes situações, isso pode ocorrer, mas, em geral, cada um escolhe o seu papel. Muitas vezes, as crianças menores são escolhidas para serem operadas ou examinadas, ou ainda, o que é muito comum, os psicólogos se transformam, a pedido das crianças, em doentes. Dramatizar o médico ou outro membro da equipe de saúde é trocar de papel e vivenciar o outro lado da situação, além de se ter a oportunidade de se colocar por inteiro no contexto dramatizado.

Nas diferentes situações de dramatização, as crianças se vestem com roupas usadas pelos cirurgiões, médicos ou enfermeiras (aventais, máscaras, toucas etc.) e usam material apropriado para exames e cirurgias (malinhas de médico, estetoscópio, tesoura, pinça, algodão, gaze, seringas, soro, "comprimidos", injeções etc.). Dramatizam as mais complicadas situações, incluindo atendimentos de urgência, emergências, detalhes tão reais que chegam a nos surpreender. A forma como seguram o material, como aplicam as injeções ou o soro, a troca de curativos, o exame físico é exatamente idêntica à situação da equipe de saúde. É o espelhar de nossas condutas.

Essa atividade é talvez a mais rica em termos de expressão e elaboração dos sentimentos das crianças internadas. Todas têm a oportunidade de vivenciar ou mesmo de assistir à situação real que vivenciam a cada dia no hospital. E isso é essencial. É a oportunidade, é o espaço que a criança conquista para se expressar. É a oportunidade de se posicionar, de lutar contra seus receios, de mostrar sua raiva, de sofrer menos. Para a equipe de saúde também ocorre a oportunidade de se espelhar e refletir sobre nossas próprias atitudes perante as crianças.

Por meio da atividade de dramatização nós também preparamos as crianças para cirurgia. Individualmente, procuramos preparar o paciente e depois passamos à atividade em grupo, em que os medos, os sentimentos, as emoções, emergem com mais facilidade. Podemos também, pela dramatização, esclarecer e eliminar dúvidas e falsos conceitos. Por exemplo, a criança, durante a dramatização em que assume o papel de médico, faz afirmações errôneas, projetando seus próprios medos. Essa é a oportunidade para se esclarecer concretamente conceitos e situações.

Terminada a atividade de dramatização, o grupo procura discutir o que dramatizou. Nesse momento, colocamos para as crianças, de forma mais organizada, o que foi dramatizado e discutimos em conjunto as condutas, os conceitos exprimidos.

2.3 Teatrinho de fantoches

Quando o hospital comprou para a Pediatria um palco e muitos fantoches, não poderíamos imaginar o quanto estes seriam úteis para os pacientes. Este é um elemento a ser considerado. Muitas vezes, mesmo com material limitado, precisamos nos acostumar a extrair o máximo de cada brinquedo, usando muita criatividade e, principalmente, dando oportunidade para que as crianças criem em cima do material. Se o objetivo de trabalho está bem claro para o profissional, um simples brinquedo se transforma em um elemento importantíssimo de facilitação na elaboração e organização dos sentimentos.

A princípio, durante algum tempo, utilizamos o teatrinho de fantoches nas atividades que chamamos "especiais", em que procuramos quebrar a nossa própria rotina de atividades programadas. Então, o teatrinho de fantoches não tinha nenhum sentido maior a não ser divertir as crianças! Em determinado dia, quando o grupo de pacientes internados era muito expressivo, as crianças nos pediram para usar os fantoches e criar uma história. A história inventada por essas crianças era exatamente o que estavam vivenciando enquanto doentes e hospitalizadas. Os fantoches, por diferentes razões, ficavam doentes e se dirigiam ao hospital para realizar tratamento. Vimos então que uma atividade anteriormente sem maior vinculação terapêutica era uma excelente oportunidade para as crianças projetarem nos personagens seus sentimentos, o momento vivido, a situação em si de doença e hospitalização. A partir desse dia, passamos a usar o teatrinho de fantoches com essa finalidade e temos conseguido resultados muito satisfatórios. A princípio, nós dramatizamos uma historinha comum para aquecer o grupo e depois pedimos para que as crianças venham criar suas próprias histórias. Os fantoches anteriores foram remodelados e se transformaram em médicos, enfermeiras, pacientes etc. Temos um "lobo médico", "porquinhos pacientes", "vovó enfermeira", "palhaço operado", "fada enfaixada", e assim por diante, além de fantoches comuns. Com a ajuda dos fantoches temos também preparado, com muito sucesso, vários pacientes para cirurgia.

Essa mudança radical nos objetivos diretos da atividade demonstra a importância de se abrirem espaços e oferecer oportunidades, facilitando para as crianças a verbalização e a elaboração de sentimentos, e, principalmente, a importância de estar com as crianças, de seguir o rumo direcionado por elas em todas as situações.

2.4 "Boneco paciente"

Procurando fazer com que as crianças participem ativamente do processo de doença e hospitalização, com que conheçam seu corpo, localizem sua doença, expressem fantasias e, ainda, conheçam melhor os outros pacientes internados, desenvolvemos uma atividade na sala de recreação denominada "boneco paciente".

Nessa atividade, todas as crianças, sentadas em volta de uma grande mesa, se apresentam, dizendo o nome e a idade, o que estão fazendo no hospital, o nome de sua doença e a localização desta no corpo. Após a apresentação geral, desenhamos o contorno do corpo de uma das crianças numa enorme folha de papel e cada um tenta localizar sua doença no "boneco". Assim, as crianças leucêmicas localizam sua doença no sangue, desenhando veias e artérias no boneco, os nefróticos desenham os rins e ali colocam seus nomes, aqueles que têm pneumonia localizam os pulmões etc. Enquanto desenvolvem a atividade, as crianças conversam entre si, falam sobre as diferentes doenças e seus tratamentos, localizam em seu próprio corpo o que demonstram no "boneco", ajudando-se mutuamente. Aqueles que se expressam melhor ajudam aqueles que têm mais dificuldades ou ainda que não se inteiraram de sua patologia. Neste jogo, nós – psicólogos – estamos sempre muito alertas para as noções que as crianças transmitem sobre seu corpo; sua doença e a causa de estar no hospital. Esse é o momento importante para agir diretamente quanto a falsos conceitos. Além disso, essa atividade proporciona às crianças uma participação efetiva em todo o processo (esse é o nosso objetivo), conhecendo-se melhor, entendendo e elaborando a razão da hospitalização, medicação, exames físicos, dietas, repouso no leito etc.

Nesta atividade, os pacientes têm a oportunidade de saber, de forma organizada, o que têm e entender melhor o que fazem no hospital. Numa situação dinâmica em que cada um fala o que tem, localiza num modelo e em si mesmo a doença, discute conceitos, transmite noções de seu tratamento, consegue-se obter com sucesso uma participação ativa no processo de doença e hospitalização. A criança sabe o que tem, o que faz no hospital, onde se localiza sua doença, como é feito o tratamento, o porquê do tratamento, a razão dos exames e medicamentos, a doença de outros pacientes. Discutem-se também os aspectos do tratamento, as dores, as picadas, as cirurgias, as condutas médicas e de enfermagem. O alívio que se obtém por meio disso é impressionante. Se a criança sabe que está doente, não vai se desesperar com os medicamentos, com o soro, com as dietas, com o repouso no leito. A prática, a cada dia que passa, nos mostra o aspecto imprescindível de fazer dessas crianças doentes elementos ativos em todo o processo. Como exigir de um diabético de seis anos de idade que se controle com relação à dieta, que tome insulina todos os dias se ele não foi esclarecido sobre sua doença? Como negar a doença para uma criança que tem que realizar exames físicos constantes e dolorosos ou, ainda, que deve se submeter à cirurgia?

2.5 "O trenzinho"

A atividade denominada "trenzinho" iniciou-se com objetivo essencialmente decorativo. Certa vez, ao decorar a Pediatria do Hospital Brigadeiro, fizemos um trenzinho grande, de papel-cartão colorido. As crianças, enquanto pregávamos o trenzinho na parede, inventaram um passeio de trem. Estimuladas a expressar o que haviam criado, inventaram uma viagem que as levava sempre para lugares muito bonitos e agradáveis e que depois as trazia de volta ao Hospital Brigadeiro. Enquanto esse grupo que criou a brincadeira permaneceu no hospital, brincar de viajar no trem passou a ser a atividade favorita. As crianças, então, nas atividades de artes, recortaram figuras de crianças e adultos. Cada uma escolheu a figura que mais se assemelhava a si próprio e passou a usar como fotografia. Essas figuras eram colocadas com fita-crepe no trem simbolizando concretamente uma viagem que faziam. Da mesma forma, colocaram como passageiros do trem todos os elementos da equipe de saúde. O trem passou a simbolizar o momento da hospitalização, a "viagem" que todos realizavam.

Passamos, então, a utilizar a ideia do trenzinho em nossas atividades. Primeiramente porque pode ser usado como um elemento decorativo; em segundo, porque através dele conseguimos transmitir para as crianças, por meio de uma brincadeira, o conceito de permanência no hospital, a noção de grupo, o conhecimento da equipe de saúde como aliados no tratamento. Então, ao fazermos o trenzinho atualmente, pedimos às crianças que consigam figuras nas revistas que possam ser utilizadas como fotografias de cada um. Depois, contamos a história do trenzinho, da viagem pelo Hospital Brigadeiro, da possibilidade de ir e voltar, de entrar ou descer do trem após a alta, da participação efetiva de todos a cada viagem. O próprio paciente, no momento da alta, retira sua fotografia do trem. A sua viagem terminou.

2.6 Música

As crianças também adoram as atividades de música. Nela, podem ouvir, dançar ou cantar músicas e estórias infantis, formando grupos ao redor da vitrola, entretendo-se por longos períodos. Muitas vezes, procuram dramatizar as situações ouvidas nos disquinhos e improvisam fantasias e personagens. Essa atividade também é muito apreciada pelos bebês, que adoram acompanhar as músicas e as brincadeiras das crianças maiores na sala de recreação, e principalmente pelas crianças que estão recebendo medicação endovenosa e que por isso mesmo mostram uma limitação de atividades. A atividade de música é um momento muito alegre, descontraído.

Certa vez, nós tivemos uma criança portadora de leucemia que, ao entrar na fase terminal de sua doença, passou a não aceitar mais sair de seu leito e participar das atividades programadas na sala de recreação. Da mesma forma, passou a evitar os contatos frequentes com as demais crianças e com os membros da equipe de saúde. Praticamente só se manifestava mostrando alguma alegria quando pedia a vitrola e permanecia durante todo o dia a escutar as músicas e as historinhas. Várias vezes, tentamos, através da música, restabelecer o contato com a criança – que anteriormente era muito rico –, procurando amenizar aquilo que supúnhamos ser um sofrimento calado e solitário. Mas a paciente, até a sua morte, preferiu permanecer só, com a música. Percebemos, então, que, para ela, que procurava se afastar das pessoas para morrer tranquilamente, aqueles momentos bastavam. A música lhe bastava.

2.7 Brinquedo dirigido

A atividade de brinquedo dirigido se refere ao trabalho na sala de recreação com brinquedos previamente escolhidos por nós. São brinquedos essencialmente específicos à situação de doença e hospitalização que objetivam facilitar, em grupo, a elaboração de sentimentos. São "malinhas de médico", as bonecas pacientes, as seringas, estetoscópios, bonequinhos médicos, ambulâncias, enfermeiras, cadeirinhas de rodas, macas, instrumentos cirúrgicos, camas, material para primeiros socorros, pequenos animais, carros, famílias, um pequenino hospital de brinquedo, radiopatrulha, carrinho de funerária, caixão, casinhas, bombeiros, polícia etc. Em contato com esse material, as crianças estabelecem situações, cirurgias, condutas terapêuticas, exames físicos, morte de pacientes, atendimentos de urgência, enfim, toda uma série de situações que vivenciam ou que imaginam e necessitam compreender. A oportunidade que se dá por meio dessa atividade é a colocação direta de sentimentos específicos com a ajuda de material lúdico. Diferencia-se da situação de brinquedo livre porque, nesta segunda atividade, as crianças podem dirigir o jogo para acontecimentos mais específicos à situação de doença e hospitalização. A manipulação de material diretamente ligado ao momento de vida dos pacientes facilita sobremaneira a verbalização e a elaboração dos sentimentos encobertos, mas existentes. Em geral, formam-se pequenos grupos nas diversas situações. Algumas vezes, o grupo inteiro participa da construção do hospital, com suas diferentes alas, simulando atendimentos, que se iniciam, na maioria das vezes, fora do hospital, com o socorro da ambulância ou dos carrinhos policiais, até a chegada ao pronto-socorro e o período de hospitalização propriamente dito, determinado por cirurgias de emergências, atendimentos médicos etc.

Os psicólogos acompanham a atividade das crianças, apreendendo cada situação, muitas vezes participando ativamente do jogo lúdico, sempre tentando estimular a verbalização e a dramatização dos fatos.

2.8 Brinquedo livre

A atividade de brinquedo livre é desenvolvida usando-se os diversos brinquedos disponíveis. Os pacientes têm a oportunidade de brincar livremente com qualquer brinquedo e são observados e orientados com atenção pelos psicólogos. Apesar do aspecto livre da atividade, as crianças não brincam por brincar na medida em que durante todo o período procuramos conversar, orientar e apoiá-las da melhor maneira possível. O próprio brinquedo nos mostra o caminho escolhido pela criança e pelo qual devemos adentrar e trabalhar os conteúdos existentes. Às vezes, todo o grupo se posiciona sobre um determinado assunto, e, brincando, as condutas, os exames, a doença, o tratamento são explicados e elaborados da melhor forma. Constantemente, a própria criança já nos mostra, pela escolha do brinquedo, onde quer ou necessita de ajuda.

Certa vez, numa situação de brinquedo livre, uma criança de dez anos de idade, portadora de LLA (leucemia linfoide aguda), foi ao armário de brinquedos e de lá retirou talvez o brinquedo de menor valor atrativo ali existente, que é um consultório médico de papelão. Sentou-se ao nosso lado e pediu-nos que brincássemos com ela simulando uma situação de atendimento médico de consultório. Ela determinou que nós seríamos a mãe do paciente e que ela seria o médico. No decorrer do jogo, ela determinou ao paciente de papelão a mesma doença que ela própria possuía, ou seja, leucemia. Nós, então, fazendo o papel da mãe do paciente, procuramos obter todas as informações sobre a doença, tratamento, possíveis internações, exames etc. A criança, no papel de médico, procurou acalmar-nos repetindo com detalhes a conduta realizada pelos membros da equipe médica com a qual ela tinha contato. Como sabia exatamente todo o seu processo de doença, nos deu todas as informações possíveis sobre os constantes exames de sangue, sobre a quimioterapia, as intercorrências, as constantes internações etc. Deu-nos também muitas esperanças quanto ao tratamento, refletindo a sua própria força em encarar a doença.

Nesse momento do jogo, o outro paciente que brincava próximo a nós passou a interferir no jogo e a duvidar do atendimento instituído pela criança que fazia o papel do médico. Este paciente, também de dez anos de idade, tinha uma aplasia de medula, doença hematológica grave, caracterizada por diminuição no número de eritrócitos, leucócitos e plaquetas no sangue periférico. Os sintomas são os da anemia associados a infecções geralmente fulminantes.

Essa criança, desde o início de seu tratamento no hospital, procurou obter todas as informações a respeito de sua doença. Gradativamente foi fazendo perguntas, comparações, obtendo informações sobre a evolução de seu tratamento. Muito sensível e extremamente perspicaz, percebia toda a evolução de seu quadro e procurava, junto da equipe de saúde, obter informações que diminuíssem sua ansiedade e seus medos. Sabia também que necessitava de um transplante de medula e poucos dias antes havia recebido a notícia de que sua irmã não poderia ser sua doadora. Estava, portanto, atravessando um momento difícil, delicado, sofrido mas necessário para que suportasse a evolução de sua doença. Toda a equipe de saúde acompanhava com cuidado e atenção essa criança, procurando ajudá-la da melhor forma possível.

A criança que fazia o papel de médico não deu importância à colocação do amigo e prosseguiu o jogo orientando-nos em como deveríamos proceder para realizar a internação de "nossa filha" no dia seguinte. Nesse momento, novamente o outro paciente interferiu no jogo afirmando que iria "fazer uma coisa" (sic) com um pedaço de massinha que tinha nas mãos e que iria, assim, mostrar à amiga o que aconteceria com seu paciente. Em pouquíssimos minutos ele mostrou-nos um túmulo feito com massinha de modelar e disse à amiga que era justamente esse (o túmulo) o fim de seu paciente. A criança que fazia o papel de médico não se alterou. Nós, sim, nos surpreendemos com a rapidez com que o paciente realizou o pequeno túmulo que se abria e deixava à mostra um pequeno caixão, também com tampa. Dentro dele, havia um bonequinho de massa. Uma pequena cruz completava o túmulo. Pedimos então para que ele falasse sobre o que tinha feito. Sabíamos o quanto ele precisava falar sobre o agravamento de seu quadro clínico, sobre a desesperança de um transplante frustrado, as dúvidas sobre o tratamento instituído, a raiva e a agressividade dirigidas à equipe de saúde, o medo da morte. A partir desse momento passamos a conversar e, logicamente, as crianças dirigiram a conversa para situações de morte, doença, tratamento, vida, esperança etc. Nós acompanhamos o desenvolvimento da conversa e pudemos discutir, por vontade de ambos, as várias formas de morte. As crianças contaram-nos e representaram a morte por assassinato, a morte por acidente, a morte por doença, a morte natural, de maneira simples, direta, singela. Depois disso, pudemos esclarecer-lhes, a pedido dos pacientes, a situação do enterro em si, da permanência dentro do caixão, do destino após a morte, sempre, é claro, partindo do referencial das crianças. Pudemos diminuir o medo da criança portadora de aplasia de medula que tinha como certo o fato de ser queimada depois de morta. Percebemos que isso lhe trazia muita ansiedade e sofrimento. Contou-nos que em sua cidade, no estado do Paraná, residia perto de um cemitério e que com frequência assistia à queima de ossadas. A própria amiga esclareceu-lhe que depois de morta "nada sentiria", determinando o conceito que ela já conseguira elaborar de morte como o fim de uma situação da vida, enfim. Nós pudemos também explicar-lhe o que era, na verdade, essa conduta de queima de ossadas. Mais calmas e aliviadas, as duas crianças naturalmente passaram a dirigir o jogo para outras situações e continuaram na sala de recreação, juntas, tranquilas e ativas. Em várias outras ocasiões, tivemos oportunidade de retomar juntamente com esses dois pacientes a situação específica de agravamento da doença e da morte em si. Com o agravamento do quadro do paciente portador de aplasia de medula, pudemos perceber juntamente com a equipe de saúde a tranquilidade e a coragem demonstradas por esse paciente. Gradativamente ele foi se afastando dos membros da equipe e de seus melhores amigos, mas de uma forma muito tranquila, sem desespero, sem medo. Em seus últimos dias, fez inúmeros bilhetinhos com desenhos e deu às pessoas de que mais gostava. Despediu-se dos amigos mais queridos e pediu à equipe de saúde para permanecer sozinho numa enfermaria. Seu quadro já era irreversível e, por mais que a equipe tentasse agir, ele sentia que ia morrer e, portanto, precisava de paz para isso. Sentiu também que precisava se afastar das pessoas para ter a paz de que necessitava nos momentos finais. Pediu para ver o pai (que era caminhoneiro e estava viajando), esperou o pai chegar ao hospital para se despedir e morreu tranquilo, sem agonia, acalmando os médicos que o atendiam.

A morte dessa criança desestruturou toda a enfermaria. Durante várias semanas, durante a reunião multidisciplinar, pudemos discutir em grupo a coragem, a dignidade e a simplicidade com que essa criança encarou sua morte e como foi forte a lição de vida que ela nos deixou. Para nós, ficou a certeza de como as crianças conseguem assimilar seus sentimentos de forma simples, direta e honesta. E o quanto é desumano não dar oportunidade para que isso ocorra.

2.9 Atividades especiais e comemoração de datas festivas

Semanalmente, instituímos uma atividade que chamamos especial, sempre variada, em que as crianças assistem a filmes e a *slides* de historinhas, passeios pelo hospital etc. O objetivo é quebrar totalmente a rotina diária imposta pelo funcionamento da enfermaria e mesmo pelas atividades programadas por nós. As crianças adoram essa atividade surpresa e esperam-na ansiosamente a cada semana. Procuramos comemorar todas as datas festivas (Natal, Páscoa, Festa Junina, Dia das Mães e dos Pais, Dia da Criança etc.) e, também, o que é muito importante, todos os aniversários dos pacientes internados. Essas comemorações envolvem as crianças internadas de tal forma que elas passam a viver o clima festivo bem antes do dia marcado, preparando os enfeites, criando presentes, enfeitando a enfermaria, indo dessa forma totalmente ao encontro da rotina imposta pela limitação de atividades que tanto faz as crianças sofrerem.

Aos fins de semana, estabelecemos um esquema de plantão, na medida em que muitas vezes deixávamos de atender, aliviar ou prestar assistência às crianças e suas famílias em momentos críticos como o agravamento do quadro clínico ou, ainda, a morte. Os residentes muitas vezes nos relatavam situações difíceis e traumáticas tanto para a criança como para a família, ou para outros pacientes que percebiam toda a situação, mas não tinham a quem recorrer. Os plantões de fim de semana estabeleceram a oportunidade de se realizar um atendimento efetivo e completo, meta de nosso trabalho. Podemos também, dado o ambiente mais calmo, trocar ideias e discutir com mais vagar os casos com os residentes, estreitando os laços de amizade e de trabalho.

3. Situações específicas

Existem algumas situações que são consideradas por nós como específicas porque não fazem parte de uma rotina diária programada, mas, no entanto, estão inseridas na programação das atividades do Serviço de Psicologia. São situações que devem ser consideradas porque ocorrem excepcionalmente e por isso não podem ser esquecidas.

3.1 Repouso no leito

Como foi citado anteriormente, todas as crianças internadas são incentivadas a sair de seus leitos e a participar das atividades na sala de recreação mesmo que estejam recebendo medicação endovenosa ou, ainda, com indicação de repouso relativo. A equipe de saúde procura facilitar de todas as formas essa situação, na medida em que considera a importância de se ir de encontro à limitação de atividades e estimulação imposta pela doença e pela hospitalização dos pacientes. Dificilmente uma criança tem indicação de permanecer em repouso no leito, mas algumas vezes nos deparamos com situações que obrigam o paciente a não se levantar, situação extremamente angustiante e sofrida. Nesse contexto, temos as crianças em pós-operatório imediato, pacientes em anasarca com indicação de repouso absoluto, cirurgias ortopédicas (pacientes hemofílicos), crianças na sala de emergência, que necessitam do uso de aparelhos de controle vital, e os pacientes hematológicos em situações de sangramento, ou ainda pós-exame específico (líquor etc.).

A imposição de repouso absoluto no leito impõe sofrimento e limitação de estimulação aos pacientes. Essas crianças aceitam com dificuldade a situação de permanecerem em repouso, agindo muitas vezes agressivamente à equipe de saúde, ou ainda passivamente, se "entregando" à situação de doença. Toda a equipe deve estar muito alerta a essa conduta. A criança deve receber orientação específica sobre a necessidade de permanecer no leito e ainda receber apoio especial para que suporte com menos sofrimento esse período. Além disso, existem várias atividades que devem ser programadas para crianças nessa situação. O ideal seria que um elemento do Serviço de Psicologia acompanhasse especificamente esses pacientes, proporcionando alívio e conforto por meio de livrinhos de histórias, pranchinhas fixas para desenho (se a criança estiver com as mãos livres), música, disquinho de história, quebra-cabeça com pranchas, móbiles, "aquaplay" (um brinquedo em que as crianças tentam encaixar pequenos objetos que flutuam na água), massinha, fantoches de dedo e todos os brinquedos de encaixe de pequeno tamanho que se adaptem ao jogo no leito. A importância dos elementos lúdicos em si determina a quebra da rotina imposta pelo repouso forçado. Além disso, existe a conotação de facilitadores da elaboração de sentimentos às crianças. Deve-se considerar, também, a presença do psicólogo sempre ao lado da criança, ouvindo, ajudando, aliviando as horas e os dias que demoram a passar. Deve-se considerar também a situação de imposição – o fato de a criança ser obrigada a seguir e aceitar regras com as quais tem bastante dificuldade e por isso mesmo necessita de muita ajuda. Ela é obrigada a permanecer no hospital, é obrigada a permanecer no leito, é obrigada a permanecer no soro, é obrigada a seguir dietas e a realizar exames etc., perante os quais não tem oportunidade de escolha. Se tudo lhe é imposto, o paciente deve ter a oportunidade de conhecer as razões de sua permanência no leito, de pelo menos ter seu sofrimento minimizado.

3.2 Movimentos limitados

Da mesma forma que o repouso no leito impõe uma situação de muito sofrimento à criança, quando seus movimentos físicos são limitados pela própria evolução da doença, ou ainda pelo tratamento imposto, o paciente mostra uma queda em seu estado geral, apresentando depressão e dificuldade para superar esse momento difícil. Muitas vezes, a própria patologia lhe impõe uma restrição de movimentos que deve ser considerada com muito cuidado e atenção, determinando inclusive o aspecto reversível ou não do quadro. Esse é o caso de crianças com artrite reumatoide, anemia falciforme, hemofilia etc. É extremamente necessário que o paciente entenda o que está ocorrendo e que tenha condições de conversar sobre sua limitação. Da mesma forma, as atividades podem ser direcionadas com a ajuda de elementos lúdicos para facilitar a exposição e a elaboração de sentimentos. Além dos brinquedos utilizados em situações de repouso no leito, pode-se ainda fazer uso de cadeiras de rodas, muletas e macas que diminuem a situação de isolamento no leito imposto pela limitação de movimentos. Se o quadro for irreversível, a criança deve receber atendimento específico, buscando adequá-la à nova situação. Para tal, a família tem um papel muito importante no trabalho de apoio e de seguimento do paciente pós-alta. Considerar sua autoimagem modificada, sua limitação específica e principalmente alternativas que minimizem a limitação é tarefa imprescindível da equipe de saúde e do psicólogo, mais especificamente.

3.3 Isolamento

Permanecer dentro de uma enfermaria em isolamento é uma das situações mais sofridas para uma criança. Se a ocorrência de uma doença e posterior hospitalização lhe determinam uma sensação de abandono, o fato de permanecer em isolamento confirma a situação de abandono em si.

Isolar uma criança em uma enfermaria tem a conotação de proteção ao paciente em si e dos outros pacientes internados. Por isso mesmo, permanecer no isolamento significa ter o mínimo de contato com os membros da equipe de saúde e consequentemente com o mundo externo. Determina-se para a criança um quadro de abandono, de limitação de atividades e estimulação ao extremo, e principalmente de intensificação de seu sofrimento.

Se a criança em isolamento estiver na faixa de zero a cinco anos de idade, é imprescindível que permaneça acompanhada por um familiar, que receberá todas as orientações com relação às normas de higiene impostas pela situação. Esse é um fato importantíssimo a ser considerado. Crianças pequenas que ainda não conseguem entender a situação de isolamento e principalmente bebês não podem permanecer sozinhos no isolamento. Essas crianças, enquanto hospitalizadas, necessitam receber estimulação e apoio constantes da equipe de saúde e da família, o que obviamente está totalmente fora de controle numa situação de isolamento visual, auditivo, tátil. Esse quadro desumano tem levado várias crianças ao óbito; quando impossibilitadas de reagir por si só, perdem a vontade de viver.

Crianças maiores de cinco anos que já conseguem com mais facilidade elaborar a situação de doença e hospitalização devem receber todo o apoio possível quando necessitarem permanecer em isolamento. O paciente deve ser conscientizado sobre a necessidade do isolamento em si, da mesma forma que já deve ter noções exatas sobre sua patologia e sobre a hospitalização. Sempre que possível essas crianças devem permanecer acompanhadas no isolamento por um membro da família, que também deve receber as informações necessárias para que siga corretamente as medidas de higiene determinadas. Além disso, deve-se sempre que possível procurar amenizar a situação do isolamento, adequando a sala com uma pequena mesa para que a criança, se não tiver limitação de seus movimentos, possa realizar suas refeições, brincar, desenhar, desenvolver atividades que minimizem a limitação de atividades e estimulação imposta pela situação de isolamento. Mesmo em isolamento, a criança deve ser atendida pelo psicólogo para que possa discutir a situação em si ou mesmo elementos de seu período de doença e hospitalização. As famílias que permanecem durante um longo período acompanhando a criança em isolamento também devem receber apoio psicológico, uma vez que a situação é extremamente angustiante e cansativa.

3.4 Diários e cartas

Algumas vezes nos deparamos com situações específicas de crianças que permanecem vários dias no hospital sem receber a visita da família ou, ainda que assistidas por familiares, sofrendo pela ausência e saudade de membros queridos (irmãos, primos, colegas, professores, avós etc.). Quando a criança relata essa situação diretamente ou por meio de jogos, procuramos incentivá-la a escrever cartas contando sobre a permanência no hospital, sobre sua doença, o tratamento e, principalmente, procurando obter notícias sobre a casa, os colegas, a escola, os professores e amigos. Essas cartas têm trazido muitas alegrias às crianças que não recebem visitas constantes. Os pacientes guardam as respostas como verdadeiros tesouros, elo com o mundo externo. As notícias sobre os professores, os colegas de escola, os vizinhos, os colegas de rua, os primos e os amigos aliviam a permanência no hospital, a saudade da família e da vida fora da instituição. Servem como uma tentativa do paciente em restabelecer seus processos anteriores ao processo de doença e hospitalização. Interessante ressaltar que as crianças que não sabem ler nem escrever devem ser ajudadas nessa tarefa por alguém em quem confiem muito, para que as notícias sejam transmitidas num clima de fidelidade para elas. É importante que a criança possa conversar sobre o conteúdo das cartas para que assim possa elaborar os sentimentos citados anteriormente. Algumas vezes, quando ela, mesmo recebendo notícias da família por cartas, não consegue aliviar seu sentimento de abandono ou decepção pela ausência de visitas, o hospital pode amenizar esses sentimentos fazendo com que ela telefone para a família e converse por alguns momentos com os mais queridos.

Outra medida simples e muito interessante para tentar aliviar o período de hospitalização e a longa permanência no hospital é incentivar as crianças a escreverem diários sobre o período de doença e hospitalização. Esses diários, em geral, são escritos por crianças maiores de nove anos de idade, que já conseguem se expressar graficamente com alguma riqueza. No entanto, algumas crianças menores às vezes mostram vontade de registrar seu dia a dia e pedem-nos para que escrevam frases simples que expressam o período de hospitalização. Esses diários também são guardados pelas crianças com muito carinho em saquinhos plásticos junto a toda sorte de objetos que os pacientes recolhem durante o período de hospitalização: frascos vazios de soro, seringas vazias, pequenos presentes dados pela equipe ou pela família, revistinhas, talheres descartáveis, copinhos descartáveis, desenhos, papéis, lápis de cor, canetas etc. Esses "saquinhos" expressam a tentativa do paciente em resgatar sua identidade perdida pelo processo de despersonalização no hospital. O conteúdo desses "saquinhos" é guardado e vigiado permanentemente pelas crianças, sendo que algumas delas passam os dias agarradas a eles. Neles, elas guardam também lembranças de casa, a chupeta (que é usada mesmo por crianças maiores dentro do processo de regressão que sofrem pela doença), fotografias dos pais, livrinhos de oração etc.

Em geral, os diários são escritos pelas crianças nos horários de atividades livres. Algumas vezes propomos que escrevam sobre o período de hospitalização, e então damos a cada uma delas um pequeno caderninho em que registram o seu dia a dia. Essa tarefa ajuda muito a criança a clarificar seus sentimentos e a expô-los de forma mais organizada. Os psicólogos estão sempre atentos, oferecendo ajuda e principalmente detectando aspectos distorcidos, sentimentos mal direcionados e fantasiosos. É interessante esclarecer que as crianças têm liberdade para, se assim desejarem, manterem segredo sobre o que escrevem nos diários. No entanto, a grande maioria vem nos mostrar seus relatos, dando oportunidade para que conversemos abertamente sobre o seu conteúdo.

Os diários também são uma excelente oportunidade para que as crianças expressem suas raivas, suas decepções, a angústia diante do tratamento, os medos e os mais variados sentimentos causados pelo processo de hospitalização. Vejamos alguns exemplos:

R. Z., sexo feminino, dez anos, portadora de LLA (leucemia linfoide aguda), 26 dias de internação.

14.04.1986 – Hoje eu não dormi direito porque o Daniel chorou a noite inteira. Eu fiquei com raiva dele porque eu queria dormir. De manhã eu tive que fazer exame de sangue e depois a tia Heloisa chegou e a gente foi brincar. Eu queria que minha mãe viesse hoje me visitar.

15.04.1986 – Eu estou triste porque tive que tomar soro. Agora não posso andar. Eu não gosto do soro e não gosto do hospital. Eu queria ir embora.

16.04.1986 – Hoje, a tia Heloisa me falou para eu esquecer do soro e brincar. Eu não sei esquecer do soro. A gente brincou de médico de manhã e eu fiquei escrevendo o que acontecia na cirurgia. Mas não é igual quando a gente está sem soro.

17.04.1986 – Eu ainda estou com o soro na mesma veia. Eu tomo cuidado para não perder a veia senão tenho que picar de novo. No outro dia, a tia Enedina picou só uma vez e já conseguiu pegar a veia, mas sempre eu levo muitas picadas. Eu queria só tomar remédio no copinho. A minha mãe e a minha tia vieram no hospital e me trouxeram um monte de coisas. Eu chorei quando a minha mãe foi embora porque eu queria que ela ficasse comigo no hospital. Eu vi que minha mãe começou a chorar também e aí eu parei de chorar porque eu fiquei com dó dela, coitada. Eu sei que ela tem que trabalhar, mas eu não gosto de ficar sozinha no hospital. A tia Heloisa me explicou que a minha mãe não pode ficar comigo. Ela conversou com a minha mãe.

18.04.1986 – A gente brincou de pintar na sala de recreação e eu fiz um monte de desenhos. Todo mundo fez desenhos. Depois eu tive que fazer o exame da espinha (sic). A tia Heloisa já tinha me avisado. Eu prefiro fazer o exame da espinha (sic) do que o exame do peito (sic). O tio que veio fazer o exame é bonzinho e me deu uma bala. A minha tia veio no hospital e me trouxe uma boneca.

19.04.1986 – Eu queria ir embora mas ainda estou tomando remédio no soro. Eu queria ir embora.

24.04.1986 – Amanhã a minha avó vem no hospital com a minha mãe. Eu fiz um desenho para ela. Eu gosto da minha avó e do meu avô. A gente brincou de trenzinho na sala de recreação. Eu fiquei com vontade de viajar para a casa da minha avó.

26.04.1986 – Hoje teve festa de aniversário do Adriano. A tia Heloisa trouxe um bolo e arrumou a mesa. Foi bonito. Todos os médicos cantaram parabéns. Quando eu fiz festa de aniversário, a minha mãe fez uma festa e comprou um monte de bolas. Eu ganhei uma boneca nova. Depois eu tive que vir para o hospital. Eu queria ir embora do hospital. Acho que eu nunca vou embora do hospital.

A. M. F., sexo masculino, 12 anos, portador de hemofilia, 13 dias de internação.

13.07.1986 – Eu ganhei o caderno para escrever do hospital. Eu gosto do hospital porque a gente ganha as coisas.

17.07.1986 – O tio Otávio falou que eu já estou bom para ir embora mas eu pedi para ficar. Eu não quero ir embora porque eu gosto do hospital.

20.07.1986 – A hemofilia é chata porque eu não posso fazer nada. Eu queria jogar futebol na Copa do Mundo mas eu não posso. Quando a gente chuta a bola, a hemofilia aparece. Eu não vou casar porque eu não quero ter filho para nascer com a minha doença. O meu pai que fez eu ficar com essa doença e aí ele sumiu de casa. A minha mãe me falou.

R. A. S., sexo feminino, 11 anos, pneumonia, 11 dias de internação.

08.08.1986 – Eu chorei porque eu não quero ficar só comendo comida sem sal e a minha boca está toda machucada. Eu fui brincar na salinha e depois eu pintei o hospital.

09.08.1986 – Eu ganhei do meu médico um monte de figurinhas e um álbum para eu colar as figurinhas. Amanhã eu vou tirar o soro e depois eu vou embora para casa porque eu já estou melhorando.

12.08.1986 – Hoje morreu o bebê que estava no berço na outra sala. A mãe da Vanessa que me falou que ele morreu porque a outra tia me falou que ele tinha ido embora para casa. Eu contei para o Antônio e ele viu também que todos os médicos foram lá e choraram porque ele morreu. O Antônio viu os médicos segurando a mãe do menino, e ele falou que depois todo mundo foi embora. Eu acho que eu vou embora. A tia me falou que eu preciso melhorar da minha doença, no pulmão.

No caso da primeira criança, é importante ressaltar sua dificuldade em permanecer no soro, o que realmente limita os movimentos. Por outro lado, essa criança já consegue perceber a necessidade do soro, embora isso não diminua seu sofrimento. Como é uma criança que durante todo o período de internação faz exames agressivos e permanece no soro, já consegue criar algumas alternativas para amenizar novas picadas. Pode-se perceber o sofrimento por permanecer sozinha no hospital e a necessidade premente que as crianças com patologias tão graves sentem em ficar com alguém da família. A criança, no caso, tenta racionalizar a situação e explicar a ausência da mãe, mas pode-se sentir claramente seu sofrimento. Nota-se também a importância de avisar a criança e de prepará-la para exames agressivos – no caso, o líquor. É importante também ressaltar como as diversas atividades desenvolvidas funcionam como elemento facilitador para que o paciente consiga elaborar seus sentimentos enquanto doente e hospitalizado. Por fim, a última frase da criança, relatada em 26.04.86 em seu diário, reflete a sua percepção na demora da melhora de seu quadro de saúde e o início da piora de seu quadro. A criança faleceu 12 dias depois desse relato. Não existe nenhuma referência em seu diário a partir desse dia, somente um pequeno desenho onde tentou reproduzir sua casa e sua mãe (a própria criança pediu-nos que escrevêssemos em seu desenho o nome de sua mãe e indicou sua casa). Na época tentamos estimulá-la a ditar-nos o conteúdo que desejava expressar em seu diário, mas a criança não aceitou.

O segundo relato mostra o diário de um paciente hemofílico extremamente carente. Esse paciente já adolescente obtinha tantos benefícios no hospital, enquanto hospitalizado, que preferia estar ali, e não em casa. Essa criança mostrou uma dificuldade grande em aceitar sua doença, culpando seu pai ausente pelo seu sofrimento. Mostra também os anseios e sonhos de um adolescente jovem, cheio de planos, mas limitado à sua doença. A importância desse relato no diário é que por meio dele pudemos trabalhar os diferentes sentimentos emergentes: carência afetiva, carência econômica, culpa, raiva, decepção, sensação de abandono etc.

No último relato, pode-se perceber claramente a questão de morte na enfermaria e o quanto a equipe de saúde deve ser coerente em suas atitudes, assumindo uma linha de atuação coerente e firme. As crianças mostram uma incrível percepção de todos os acontecimentos e dificilmente deixam de perceber as mentiras, as desculpas, a tensão, a correria do atendimento, a tristeza e a decepção, o choro. É interessante a criança relatar em seu diário que os médicos choraram porque a criança (bebê) morreu. Na verdade, os médicos não choraram, mas a criança conseguiu apreender a tristeza e a decepção presentes. Esse relato pôde facilitar a conversa com o paciente sobre os acontecimentos (a morte do bebê) e aliviou suas dúvidas e apreensões.

3.5 Realizando coisas úteis

Algumas crianças enquanto hospitalizadas mostram grande facilidade em se integrar às atividades da enfermaria, mesmo que por experiências sofridas. Outras, ao contrário, apesar de todo o empenho da equipe de saúde, não conseguem de forma alguma se integrar ao ambiente, sofrendo muito, reagindo às vezes agressivamente ou, ainda, se entregando à situação de doença. Essas crianças, desde o início da hospitalização, negam-se a sair de seus leitos, não conversam com a equipe e com os outros pacientes, enfim, não conseguem nem de uma forma ou de outra expressar seu sofrimento. Elas são estimuladas a participar das atividades em grupo, mas em geral negam-se a se dirigir à sala de recreação, permanecendo em seus leitos, sempre muito tristes. Em geral, não se alimentam e não reagem adequadamente à medicação. Quando o quadro evolui dessa forma, esse paciente passa a ser atendido individualmente pelo Serviço de Psicologia. Em alguns casos, os resultados são satisfatórios, no entanto, algumas crianças mesmo assim mostram dificuldade em se expor e verbalizar seus problemas.

Uma conduta aparentemente simples mas de muita eficiência na ajuda a essas crianças é gradativamente estimulá-las a participar e ajudar nas tarefas da enfermaria: as diferentes equipes passam a convidá-la a buscar roupas limpas na lavanderia, remédios na farmácia, a participar de reuniões e visitas. A criança, que pode a princípio se negar a participar, aos poucos passa a aceitar alguns convites (sair da enfermaria e descer até a lavanderia é muito atraente). É claro que toda a equipe de saúde participa de forma unificada nessa ajuda. Essa criança então passa a ser solicitada com mais frequência por todos, atendida com cuidado e atenção, tentando-se detectar uma pista real para que possamos ajudá-la. Realizar atividades úteis na enfermaria é ajudar a levar roupas ou buscá-las na lavanderia, buscar remédios na farmácia, ajudar as copeiras a servir e a recolher as refeições, ajudar a alimentar as crianças menores, ajudar nos cuidados destas, na arrumação das enfermarias, enfim, em qualquer atividade em que o paciente se sinta útil, participante, ativo e seguro na enfermaria. Temos percebido que essas condutas aparentemente simples fazem com que gradativamente a criança passe a confiar em alguns elementos da equipe, primeiro passo para que passe a atuar ativamente no processo de elaboração de sua doença e a necessidade de hospitalização. Assim, as crianças, com o passar do tempo, começam a aceitar conversar, expressar sua ansiedade e seu silêncio.

Em alguns casos, quando a criança não aceita participar de tarefas na enfermaria, procuramos tirá-la de seu leito e fazer com que permaneça com um membro da equipe de saúde ou, ainda, junto à mãe de outro paciente. Permanecer ao lado de alguém carinhoso e atencioso faz com que gradativamente o paciente fortaleça seus mecanismos internos, passando a confiar no ambiente. Permanecer ao lado de elementos da equipe de saúde também facilita à criança entender mais rapidamente seu processo de doença e, globalmente, o período de hospitalização. Na Pediatria do Hospital Brigadeiro, os pacientes têm livre acesso à sala dos médicos, à enfermagem, participando das tarefas, facilitando as perguntas e dúvidas sobre a doença. Às vezes, as crianças vão em busca de carinho e encontram uma equipe sensível e disposta a receber a criança dessa forma. Quantos residentes e internos estudam com crianças no colo, quantas vezes ocorre de as crianças dormirem, em meio a uma reunião ou a uma visita médica, no colo da equipe!

Permanecer ao lado da equipe de saúde em horários de descanso desta faz com que as crianças aprendam a confiar mais nos profissionais, aceitando facilmente os exames físicos e a elaboração de sentimentos quanto ao período de doença e hospitalização. "A equipe é amiga", "meu médico é meu amigo", "minha enfermeira é minha amiga"! A criança pode então confiar no tratamento com menos sofrimento. E para a equipe de saúde fica a certeza do dever cumprido plenamente. Nós temos certeza de que as crianças sofrem menos.

3.6 Jogos externos

Sair da enfermaria mesmo que seja para passear pelo hospital é atividade que agrada muito tanto as crianças como as mães acompanhantes. É a oportunidade de quebrar a rotina interna da enfermaria fazendo com que as crianças se movimentem, tomem sol, sintam o mundo externo. Com frequência, nos meses de calor e de bom tempo, descemos com as crianças para o pátio externo do hospital. Fora do hospital, procuramos desenvolver algumas atividades:

a. Banho de sol – Quase sempre, procuramos fazer com que as crianças tomem sol e se divirtam livremente no pátio. Levamos baldinhos, pás, enxadinhas e pequenos brinquedos. Quando está muito calor, as crianças tiram as blusinhas do hospital e brincam à vontade. Todas as crianças que estão sem soro descem para o banho de sol no pátio. Algumas vezes, pacientes que estão internados há muito tempo, com patologias graves, mesmo com soro são levados ao pátio, uma vez que a alternativa de participar da atividade é mais remota.

b. Jogos externos – Conforme o grupo, procuramos estimular alguns jogos externos com bola e brinquedos. As crianças adoram pular amarelinha e jogar bola e, se as patologias apresentadas pelos pacientes requerem menos atividade, brincamos de passar anel, telefone sem fio, mímica, meses etc.

c. Coleção de folhas, pedras e pequenos animais – Conforme o grupo e o interesse das crianças, vamos ao pátio do hospital com o objetivo de recolher flores, folhas, pedras e pequenos animais e montamos painéis com o material recolhido. Essa atividade aparentemente sem maior importância faz com que as crianças passem longas horas entretidas com a natureza, facilita conversas sobre crescimento, evolução, vida e morte das plantas e animais, fazendo com que as crianças relacionem com a sua vida. Esse é o objetivo dos hospitais norte-americanos e ingleses que mantêm aquários e viveiros com pequenos animais para que os pacientes possam ter esse tipo de contato.

d. Visão do hospital – Ao levar as crianças para o pátio externo do hospital, temos a oportunidade de fazer com que elas visualizem o prédio do hospital externamente e se localizem espacialmente. Muitas crianças internadas à noite relatam na enfermaria uma grande confusão em relação ao local em que estão internadas. Além dos pacientes que chegam ao hospital à noite, começamos a notar essa mesma confusão em crianças de outros estados ou, ainda, de cidades do interior do estado de São Paulo, que nunca tinham vindo para a capital. Algumas dessas crianças nunca haviam adentrado em um prédio, por exemplo! Imaginem, então, a confusão quanto à localização de seu espaço, garantia para a sua segurança. Fora do hospital mostramos o prédio, diferenciamos os andares e localizamos o andar da pediatria. As crianças percebem que existe uma vida fora e uma vida dentro do hospital, o mundo externo e o mundo interno, determinado pela hospitalização, facilitando a percepção real da internação.

V. Preparação para cirurgia

Preparar uma criança para cirurgia ou exames físicos dolorosos é tarefa imprescindível. Nenhuma criança deve realizar uma intervenção cirúrgica sem a devida preparação e elaboração do fato. O menosprezar de sentimentos envolvidos em uma cirurgia muitas vezes leva a consequências desastrosas um tratamento aparentemente simples e eficaz.

A preparação para cirurgia deve abranger o pré-operatório, o perioperatório, o pós-operatório imediato e o pós-operatório. As crianças podem ser preparadas em seu próprio leito, no ambulatório (quando a cirurgia for eletiva), na sala de recreação do hospital, "separada" do ambiente hostil da enfermaria, facilitando a exposição de sentimentos, ou ainda em sua própria casa.

Toda a equipe de saúde deve estar envolvida no preparo de uma criança para cirurgia. Sabe-se que as crianças deveriam ser preparadas por seus pais, elementos em que mais confiam e a quem amam. No entanto, são raras as famílias em nosso trabalho que aceitam fazer a preparação do filho para a intervenção cirúrgica, mesmo com a nossa ajuda. Em geral, preferem que a equipe de saúde assuma a responsabilidade, procurando auxiliar com algumas noções ou ainda permanecendo com a criança, o que também é de muita importância. No início do processo, devem estar envolvidos o residente responsável pelo leito, o cirurgião e o anestesista. É primordial que esses elementos da equipe de saúde passem informações precisas e claras para o paciente, considerando-se, claro, o seu nível de entendimento. A seguir, a enfermagem, o psicólogo e os pais devem dar continuidade às explicações, oferecendo oportunidades para a criança elaborar o processo. Para isso, os pais devem ter o respaldo da equipe de saúde, no sentido de obter informações e orientações sobre como ajudar a criança.

A preparação para a cirurgia deve seguir as necessidades da criança, a idade e a personalidade desta, suas experiências e o tratamento a seguir. As informações devem ser sempre simples, diretas, realistas e principalmente gradativas, sendo que a criança deve direcionar o caminho a seguir. No pré-operatório, é importante que as informações sejam repetidas sempre que necessário, sempre que a criança expressar angústia, dúvida, fantasias e falsos conceitos, além do medo. Deve-se evitar, durante a preparação, elementos confusos ou de surpresa, como, por exemplo, longas explicações das quais a criança aproveita muito pouco. É importante dar a oportunidade para que o paciente expresse seus sentimentos, considerando e compreendendo os temores deste. É preciso que a criança tenha confiança no elemento que a prepara, tendo em vista que deve confiar nas informações passadas. Além de envolver todos os aspectos do processo cirúrgico, tanto positivos (melhora da dor, do quadro clínico etc.) quanto negativos (dor, mal-estar, corte, anestesia etc.), é importante transmitir informações precisas sobre o que vai ocorrer, uma vez que a criança tende a deformar sua autoimagem e sua doença.

A ajuda durante o pré-operatório pode ser feita individualmente ou em grupo. Na Pediatria do Hospital Brigadeiro, procuramos iniciar o processo de preparação durante o pré-operatório individualmente, depois colocamos a criança no grupo e propomos uma atividade que nos ajude a prepará-la. Por fim, checamos individualmente todas as informações da criança. No pré-operatório, usamos desenhos, pintura, dramatização, teatrinho de fantoches, colagem e o brinquedo "'playmobil' de hospital". A observação da criança durante essas atividades nos dá dicas de como devemos prepará-la, quais são os elementos duvidosos, seus medos e ansiedades. Os desenhos feitos pelos pacientes mostram sempre as suas áreas de inquietação, e a ajuda do psicólogo advém de compreender esses temores e orientá-los da melhor maneira possível, aliviando o sofrimento da criança. Após as primeiras informações individuais sempre claras e objetivas, é interessante, como foi citado anteriormente, fazê-la participar de grupos em que a situação de cirurgia seja discutida e trabalhada psicologicamente. No grupo, os medos, as dúvidas e sentimentos emergem com mais facilidade, e a experiência do colega também doente é sempre muito importante.

Durante o pré-operatório, além das informações objetivas sobre o ato cirúrgico em si, devem ser passadas informações sobre a anestesia, no sentido de transmitir dados sobre seu objetivo, sobre o pré-anestésico e, principalmente, sobre o aspecto temporário desta. As crianças também temem adormecer e não mais acordar após serem anestesiadas, além de temerem, da mesma forma, que o adulto perca o controle da situação. Muitas vezes, as crianças relatam sofrer consequências pela perda do controle durante o período em que estarão anestesiadas. Além desses dados, é de muita importância, ao escolher o anestésico a ser utilizado, considerar a eficiência deste e as consequências psíquicas advindas.

Durante a preparação, no pré-operatório, deve-se transmitir informações sobre o centro cirúrgico, a equipe de saúde, o uso de máscaras, gorros e aventais, o foco de luz e os aparelhos utilizados. É importante a criança estar ciente de que sua mãe ou acompanhante não entrará no centro cirúrgico. Em nossa enfermaria, a criança é sempre acompanhada por alguém da equipe de saúde.

Deve-se explicar também ao paciente a necessidade do jejum antes da cirurgia e a limitação da alimentação no pós-operatório. Durante o pré-operatório, deve-se considerar também os aspectos do pós-operatório, que a criança esteja consciente das condutas quando voltar da anestesia. Assim, é importante considerar a possibilidade de permanência na UTI (se for real), o aspecto de dor, amputação (se for real), dietas, sonolência, curativos. As informações não devem ser excessivas para que não contribuam para aumentar os medos e as fantasias das crianças. Por isso é importante que o paciente direcione toda a preparação, mostrando o que deseja saber.

A preparação para cirurgia deve ser realizada dentro de um prazo que vai de dois a quatro dias antes da cirurgia. Preparar a criança com muita antecedência faz com que aumentem suas fantasias, dificultando a elaboração dos fatos.

Quando a criança for menor de dois anos de idade, a cirurgia pode significar um grave risco emocional caracterizado por uma exigência dolorosa, realizada por pessoas estranhas, em ambiente estranho, separada da família. Pacientes menores de dois anos têm um sentido mais agudo da dor, dependem mais de suas mães, têm menores recursos para enfrentar situações difíceis e estranhas, principalmente invasivas como uma cirurgia, têm menos compreensão do que está ocorrendo, o temor é mais intenso e, principalmente, têm poucos recursos para expressar seus sentimentos nos jogos e conversas. Em razão da intensa perturbação emocional causada por uma cirurgia pode-se aventar com a equipe médica para que a cirurgia seja realizada em crianças com mais de três anos de idade, sempre que possível, para que o paciente tenha mais condições de elaborar os sentimentos e controlar sua ansiedade, organizando seu mundo interior.

É sempre aconselhável que a criança vá para o centro cirúrgico já anestesiada ou com um pré-anestésico e que acorde, se for possível, em seu leito. Para isso, é muito importante que a mãe ou acompanhante esteja presente na ida e na volta da criança. Os pais devem estar cientes de todo o processo cirúrgico, da necessidade deste e sobre as atitudes da criança no pós-operatório: sonolência, vômitos, sangramento, confusão, dor etc.

Durante o perioperatório, a criança deve ser acompanhada por um elemento da equipe de saúde no qual confie. Assim, poderá se sentir mais segura no ambiente desconhecido e hostil do centro cirúrgico, se não estiver anestesiada. Esse elemento, que pode ser o psicólogo, deve ir relatando à criança, até que ela adormeça, as condutas. Deve estar presente também quando a criança acordar da anestesia e explicar-lhe o que está acontecendo, que a cirurgia já terminou, localizando-a no ambiente.

No pós-operatório imediato, a criança deve permanecer sempre acompanhada por alguém da equipe de saúde, principalmente se permanecer na UTI. Durante esse período, é importante acalmá-la, aliviar suas dores, conversar e explicar-lhe o que está acontecendo. A presença amiga é sempre muito importante para que a criança não se sinta só e abandonada.

No pós-operatório, a criança deve continuar acompanhada da família ou de alguém da equipe de saúde. Quando estiver sem dores e se sentindo melhor, deve-se iniciar o processo psicológico de verbalização da cirurgia e dos sentimentos advindos para que se tenha a oportunidade de detectar alguma sequela negativa. Expressar verbalmente ou mesmo em jogos os acontecimentos determinados pela cirurgia faz com que o paciente elimine fantasias, temores e sentimentos de castigo e culpa, sequelas negativas para o resto da vida.

A preparação para cirurgia produz resultados distintos em crianças distintas. Mesmo preparada, a criança pode se sair mal, e uma criança sem nenhum preparo, se sair bem. As reações durante o pós-operatório serão o dado mais importante para determinar uma boa recuperação psicológica, sem a ausência de sintomas neuróticos.

Reações mais comuns da criança à cirurgia – pós-operatório

- Medo.
- Passividade.
- Agressividade.
- Horror intenso.
- Agressão à equipe médica, aos pais e à enfermagem.
- Repressão.
- Regressão.
- Birra.
- Condutas negativas.
- Atitudes desafiantes.
- Confiança.
- Alívio.

Apesar de as crianças revelarem reações que variam muito individualmente, sabe-se que os pacientes mais vulneráveis são aqueles que cresceram sem os pais ou, ainda, crianças que não tiveram boa relação com a mãe. Várias são as consequências da falta de preparo para cirurgia:
- Temor a médicos.
- Temor a enfermeiras.
- Temor ao escuro.
- Medo de hospitais.
- Medo de edifícios e locais desconhecidos.
- Medo de exame físico ou de doenças.
- Medo de pessoas estranhas.
- Dificuldade escolar.
- Enurese.
- Masturbação.
- Movimentos incoordenados.
- Compulsões.
- Obsessões.
- Tiques.
- Dificuldades sociais.

a) Problemas nas relações com outras crianças:
- Timidez.
- Autoritarismo.
- Violência.
- Agressividade.

b) Problemas nas relações com a família:
- Dependência excessiva.
- Negativismo.
- Desobediência.
- Indisciplina.
- Agressividade.

Seria interessante, por fim, relatar um caso clínico que norteasse mais claramente o processo de preparação para cirurgia na Pediatria do Hospital Brigadeiro.

Caso 1 – O lobo e a cirurgia

Este caso clínico é sempre relatado como exemplo de preparação para cirurgia dado que expressa com clareza os mecanismos utilizados pelo paciente para superar suas dificuldades diante da situação.

Numa tarde, enquanto as crianças assistiam ao teatrinho de fantoches na sala de recreação, nós fomos chamados por um interno para que preparássemos uma criança de quatro anos de idade, portadora de leucemia linfoide aguda, que no dia seguinte pela manhã iria fazer uma biópsia óssea no centro cirúrgico. Nossa primeira reação foi de espanto, dada a urgência e o pouco tempo que teríamos para realizar o trabalho – 15 horas aproximadamente. Sabíamos que uma criança de três anos necessitaria ser preparada no mínimo dois dias antes para que pudesse suportar adequadamente o processo cirúrgico. O interno explicou-nos a necessidade urgente do exame: determinar a continuidade do processo quimioterápico. Não havia escolha. Precisávamos trabalhar o quanto antes. Sabíamos dos riscos que estávamos correndo, mas, por outro lado, sabíamos que ela precisava ter pelo menos algumas noções do que lhe iria ocorrer. É importante ressaltar que esse menino era extremamente esperto e perspicaz, muito carinhoso e querido por todos na enfermaria. Ele praticamente passou todo o seu período de doença internado no Hospital Brigadeiro. Em algumas oportunidades em que obteve licença para ir para casa, retornou sempre com o seu estado físico agravado. Era uma criança com um quadro muito grave, um desafio para todos os membros da equipe médica.

Resolvemos iniciar o processo de preparação para a cirurgia através do teatrinho de fantoches. Fomos então representar uma cirurgia do lobo que havia comido a vovozinha na historinha da Chapeuzinho Vermelho, que havíamos acabado de representar para as crianças. Preparamos todos os fantoches médicos e enfermeiros e simulamos uma cirurgia, dando detalhes da preparação, do centro cirúrgico e do pós-operatório. Ao final da dramatização, as crianças conversaram sobre a cirurgia, sendo que a nossa atenção estava voltada para o pequeno paciente. Ele, como sempre agia nas atividades, conversou bastante, divertiu-se com o lobo operado, deu ideias, discutiu condutas. Afirmou que os médicos poderiam ter feito um corte menor para diminuir o curativo e negou a necessidade de permanecer no soro após a cirurgia. Passamos então a dirigir toda a atividade em torno de suas ideias e colocações. Terminada a atividade, levamos o menino para a enfermaria e passamos a prepará-lo individualmente. Em geral, fazemos o caminho contrário. Primeiramente, fazemos a preparação individual com a criança, depois colocamos o paciente numa atividade em grupo, em que os sentimentos possam emergir com mais facilidade e posteriormente checamos as informações recebidas em grupo, individualmente. No caso dessa criança, não teríamos tempo para organizar uma atividade após o teatrinho de fantoches, pois estava chegando o horário de visitas, e o grupo se dispersaria. Precisávamos, então, aproveitar o momento do grupo.

Durante a preparação individual, tentamos induzir a criança a falar sobre as atividades do grupo. Ela reagiu bem fazendo comentários alegres e entusiasmados sobre o lobo e a cirurgia. Passamos, então, a explicar-lhe que faria uma cirurgia tal qual o lobo fizera, dando-lhe explicações objetivas e diretas. Nesse momento, o paciente permaneceu sério, calado, ouvindo as nossas palavras. Terminada a pequena explicação, que constou de dados básicos, perguntamos se ele tinha alguma dúvida ou se queria falar algo. Ele permaneceu calado. Esperamos um pouco e então pedimos que repetisse o que lhe havíamos explicado. O paciente conseguiu repetir as explicações, sem entrar em detalhes e sem tecer nenhum comentário. Começamos, então, a ficar um pouco preocupados. Essa não era uma atitude comum à criança, sempre alegre e esperta, sempre com uma resposta pronta a dar. Sabíamos, no entanto, que precisávamos dar um tempo para que o paciente elaborasse as explicações e os acontecimentos. Como não tínhamos muito tempo para agir, esperávamos uma resposta mais rápida, apesar da pouca idade da criança. A experiência mostra que devemos estar junto da criança, mas sempre respeitar seu tempo, sua vontade, sua iniciativa, seus sentimentos. Permanecemos mais um pouco com o paciente e passamos, então, a orientar sua mãe sobre como proceder com seu filho e ao mesmo tempo explicando-lhe a necessidade da biópsia e todos os dados necessários para que compreendesse o ato cirúrgico. Demos todos os detalhes sobre a preparação para a biópsia, o ato em si e o pós-operatório. Pedimos a sua ajuda para conversar com a criança antes que ela adormecesse, fortalecendo as explicações dadas por nós.

Antes de sair do hospital, combinamos com o interno responsável pelo leito para que ele acompanhasse a criança no centro cirúrgico, dando-lhe toda a atenção. Explicamos também todo o processo de preparação para a cirurgia e as reações do paciente para que pudéssemos agir em conjunto, com o objetivo de minimizar seu sofrimento. Voltamos, então, ao leito do paciente antes de sairmos do hospital. Era começo de noite. A criança estava no leito com sua mãe. Pedimos que repetisse para o interno o que ela iria fazer no dia seguinte.

A criança repetiu as informações passadas, com os olhos baixos e um ar triste. O interno tentou animá-la repetindo alguns dados práticos e afirmando-lhe que estaria junto a ela em todo o processo. A criança pareceu animar-se um pouco. Quando saíamos da enfermaria, o paciente nos chamou e nos fez um pedido surpreendente. Iria sim operar, mas iria ao centro cirúrgico com o lobo. Segundo ele, o lobo tinha muita coragem, era forte, já conhecia o lugar, os médicos e os enfermeiros e, além disso, "tinha chorado só um pouquinho" (sic). Vibramos com a reação. A criança passou então a descrever a cirurgia do amigo lobo, o centro cirúrgico, o pós-operatório etc. Falou compulsivamente por 15 minutos e depois fez novamente o pedido de ir ao centro cirúrgico com o amigo lobo. Fomos buscar no armário de brinquedos da sala de recreação o fantoche de lobo e o entregamos à criança. O interno, numa atitude de respeito e compreensão à reação do paciente, resolveu preparar os "dois pacientes" para a cirurgia. Assistimos a tudo emocionados com a sensibilidade do jovem médico, preocupado com o seu paciente, transmitindo-lhe atenção, carinho e amor.

Saímos do hospital mais leves, certos de que havia uma grande possibilidade de tudo correr bem. O nosso desafio estava lançado, com a ajuda de "nosso amigo lobo".

No dia seguinte, o paciente subiu para o centro cirúrgico juntamente com o lobo mau. Até adormecer, a criança permaneceu abraçada ao fantoche e junto ao interno que ia lhe dando todas as explicações. Quando acordou da cirurgia, o paciente abriu os olhos e perguntou sobre seu amigo lobo. O interno havia feito um curativo na barriga do lobo. No pós-operatório imediato, a criança permaneceu sempre junto ao amigo fantoche e teve uma recuperação espantosa. Durante o pós-operatório relatou com tranquilidade todos os acontecimentos, referindo-se a sua coragem e à de seu amigo em todo o processo. Conseguiu elaborar facilmente todo o processo cirúrgico com segurança e tranquilidade.

Durante os meses seguintes, ainda internado, o próprio paciente várias vezes nos ajudou a preparar crianças para cirurgia, transmitindo com toda alegria e vivacidade tudo o que tinha vivenciado. O fantoche lobo continuou seu companheiro enquanto ele esteve internado. Em seus últimos dias, o lobo permaneceu a seu lado, dando-lhe força e alguns momentos finais de alegria. Para toda a equipe de saúde, ficou a certeza de que pudemos diminuir o sofrimento do paciente, proporcionando-lhe momentos de alegria e força.

No ano seguinte, encontramos o mesmo interno que havia participado desse caso, agora já como residente de pediatria. Ele imediatamente nos perguntou sobre a criança, relatando com saudade o período em que estagiou na enfermaria do Hospital Brigadeiro. Disse-nos também que dificilmente esquecerá todo o processo de preparação para cirurgia do qual participou e que esse acontecimento fez com que decidisse definitivamente por especializar-se em pediatria. Nesse encontro, uma reunião em um hospital em São Paulo, deu um depoimento belíssimo sobre a importância do trabalho de psicólogos no hospital e seu aspecto imprescindível. Se para a equipe de saúde ficou a certeza do dever cumprido, para aquela criança a oportunidade foi única, inigualável. E cada vez mais nós assumimos um compromisso de facilitar às crianças momentos como esses. Se o nosso esforço for bem compreendido, temos certeza de que as crianças serão mais felizes.

VI. Atuação com as famílias

Quando uma criança adoece, a família também se sente assim, quase sempre se culpando pelos fatos. A família representa um grupo organizado, uma estrutura. Quando ocorre o aparecimento de uma doença, notamos a desestrutura do grupo familiar. A família de uma criança doente e hospitalizada pode reagir de diferentes maneiras:

Reações mais comuns da família à doença e à hospitalização da criança

Pediatria – Hospital Brigadeiro – Serviço de Psicologia
- Tranquilidade/força interior.
- Respeito/esperança.
- Medo.
- Insegurança/pressão.
- Confusão/intromissão.
- Apatia.
- Intranquilidade/desespero.
- Desestruturação.
- Superproteção.
- Redução da afetividade.
- Separações conjugais.

- Abandono do lar.
- Abandono da criança.
- Angústia.
- Impaciência/desconfiança.
- Pouca tolerância às solicitações da criança.
- Pouca tolerância ao sofrimento da criança.
- Culpa.
- Pânico ao ambiente hospitalar.
- "Conspiração do silêncio".
- Negação/tratamentos alternativos.
- Raiva.
- Barganha.
- Depressão.
- Aceitação.

Após o aparecimento da doença e a desestruturação do grupo, a família tenta reaver seu equilíbrio anterior, redistribuindo suas cargas emocionais, hostis ou afetivas. Assim, podemos ter a família que assume uma postura superprotetora perante a criança, em que todos os sentimentos são liberados e se voltam para o paciente, mesmo com algum resquício de hostilidade. Em geral, esse tipo de reação denota um grande sentimento de culpa do grupo familiar. A família pode também reagir de forma hostil. A hostilidade anterior ao aparecimento da doença faz com que a família não se redima e deseje a morte do paciente.

Quase sempre a família mostra um grande sentimento de culpa pelo aparecimento da doença e pela hospitalização da criança. Essa família tem fantasias de que desejou ou realmente causou a doença. O sentimento de culpa, no entanto, aparece juntamente com a hostilidade encoberta e está principalmente vinculado à má alimentação, aos maus-tratos, conscientes ou não, ao desprezo. O sentimento de culpa causa demonstrações excessivas e irreais de amor e preocupação. Algumas vezes, determina o afastamento da família para evitar o aumento da culpa e a visão concreta desta.

A família também pode reagir com hostilidade quando sente o paciente como um elemento que esteja querendo destruir o sistema familiar. Essa reação é fruto de sua própria hostilidade.

Quando o paciente é uma criança, a família sempre reage com muita dificuldade. Todo o processo de doença e os sentimentos consequentes estarão vinculados a antecedentes, como, por exemplo, o nascimento que pode ter causado decepção, num momento difícil para os pais, ou ainda no caso de crianças não desejadas ou muito desejadas, em que a expectativa é muito alta. As reações de culpa e desespero sempre vêm acompanhadas do sentimento de que "exigiram" demais da criança.

Buscando restabelecer o equilíbrio perdido, as famílias podem reagir tentando substituir o elemento doente, pelo nascimento de outra criança ou por outros mecanismos substitutivos. Outra reação na busca do restabelecimento do equilíbrio é o aparecimento de doença em outros membros da família (irmãos, pais, avós). Esse mecanismo funciona como um elemento para combater a culpa relacionada à doença "provocada" na criança. Mecanismo comum é a reinversão narcisista das cargas afetivas antes depositadas na criança doente. Esse processo é muito difícil de ser trabalhado porque, em geral, se está buscando o retomo do equilíbrio e da comunicação entre os membros da família.

A atuação com a família inclui um investimento maciço nas reações mencionadas, ou seja, culpa, hostilidade, agressividade, desestruturação, negação, medo e depressão. Esse investimento também deve incluir a ênfase na comunicação e no reequilíbrio funcional da estrutura familiar, visto que muitas vezes a família "abandona" aquele membro que não a interessa mais. A atuação objetiva a minimização do sofrimento inerente ao processo de doença e hospitalização da criança, fazendo dessa família um elemento ativo no processo, condição para o êxito do tratamento. Deve-se objetivar também a promoção da saúde mental integral da criança, valorizando a relação de influxos satisfatórios entre mãe e filho. A atuação visa a atenção, o apoio, a compreensão, o suporte ao tratamento, a clarificação de sentimentos, o esclarecimento sobre a doença, o fortalecimento do grupo familiar – a reorganização do grupo, o levantamento de dados sobre a relação familiar, o estar junto, o apoio incondicional.

A atuação com a famílias deve ser extremamente considerada pela equipe de saúde, uma vez que as famílias têm um papel muito importante no processo de humanização do atendimento. A participação das famílias, principalmente das mães, no hospital é basicamente o mais importante para a criança. No entanto, por outro lado, existe muita dificuldade em adequar essas mães ao ambiente hospitalar, às rotinas diárias; e, considerando-se realisticamente a questão, a tarefa mais difícil consiste em adequar a equipe de saúde e a instituição à presença e à participação desses elementos no hospital.

O hospital em si, como instituição secular, tem estruturas rígidas e estabelecidas durante anos e anos de funcionamento. Na verdade, este é concebido para receber os pacientes e a equipe de saúde. A família nesse contexto, é considerada elemento secundário, sem função específica. E o consenso geral preestabelecido é o de que a família deve se manter afastada, contribuindo invariavelmente de forma rápida e superficial.

Esse esquema preestabelecido não condiz com a filosofia de um trabalho de humanização do atendimento em instituições hospitalares. A família deve ser considerada parte integrante do processo e participar efetivamente de todo o período de doença e hospitalização.

Inicialmente, procuramos conscientizar essa família sobre os aspectos da doença em si e sobre a necessidade real da internação. Esse trabalho é sempre repetido e considerado com os pais ou acompanhantes da criança, visto que o próprio desenvolvimento, aparecimento e prognóstico da doença se tornam difíceis de se compreender satisfatoriamente, dado o momento de crise pelo qual o grupo familiar está passando. A equipe de saúde procura transmitir as informações e explicações com a ajuda de desenhos, gráficos, figuras elucidativas, que têm como objetivo tornar mais concreta a situação de doença, hospitalização, cirurgia etc. Além disso, procuramos sempre retomar essas explicações para que a família se sinta apoiada e segura. Essa tarefa, na maioria das vezes, é realizada pelo médico, pelo psicólogo ou pela enfermeira.

Procuramos realizar em equipe um atendimento efetivo às mães e famílias de todas as crianças internadas, para que elas, em troca, possam nos ajudar no restabelecimento ou no alívio do sofrimento do paciente. No momento da internação, a família já é conscientizada pela equipe de saúde e recebe condições de se familiarizar com o esquema de trabalho e a rotina estabelecida.

Basicamente, metade das crianças internadas permanecem acompanhadas de seus familiares. O ideal, na verdade, seria alojar todas as crianças com um familiar, mas nós não possuímos estrutura para tal. No entanto, preferimos improvisar uma situação para que pelo menos metade dos pacientes possam estar próximos de seus familiares enquanto hospitalizados.

Projeto mãe-acompanhante

Pediatria – Hospital Brigadeiro

a) Princípios gerais
   1. Consideração dos três momentos críticos da criança:
      a. nascimento;
      b. desmame;
      c. doença.
   2. Individualização de cada caso.
   3. Consideração do risco de hospitalismo, conforme Escardó e Gilberti[26]: "a soma dos prejuízos que a criança recebe pelo fato de permanecer internada num hospital que leva em conta sua condição de enfermo, paciente ou condutor de doenças, porém, marginaliza as determinantes de sua unidade estrutural biópsicossocial".
   4. Prioridade para crianças de até cinco anos de idade – quanto menor a idade, maior a prioridade.
   5. Prioridade para casos de amamentação e aleitamento materno.
   6. Preparo e apoio da mãe para o acompanhamento:
      - adequação ao ambiente e às rotinas diárias;
      - conscientização sobre os aspectos da doença em si e sobre a necessidade da internação;
      - reuniões semanais – grupo operativo;
      - contato diário.

b) Critérios para a permanência no hospital
   1. Paciente grave.
   2. Dependência emocional intensa determinando separação traumática e sequelas emocionais graves.
   3. Criança em isolamento.
   4. Amamentação.
   5. Pré e pós-operatório e em situações de exames agressivos ou externos (em outros hospitais).
   6. Mãe fora de domicílio, na ausência de parentes na capital de SP.

As mães que permanecem no hospital com seus filhos recebem um atendimento efetivo e diário por parte da equipe de saúde e dos psicólogos. Todas têm oportunidade de conversar, ouvir, discutir problemas, dúvidas etc. É muito comum a formação de grupos informais, nas próprias enfermarias, com a presença das mães, do psicólogo e da enfermagem. Nesses grupos, as mães, sem nenhum critério rígido, fazem colocações, conversam sobre as mesmas dificuldades, são esclarecidas sobre as normas do hospital, sobre a doença de seus filhos e sobre a hospitalização. Esse é um momento muito importante para que detectemos as dificuldades, as dúvidas e as condições existentes. Além disso, semanalmente organizamos um grupo operativo em que as mães têm um espaço para expor todos os problemas advindos do processo de doença e hospitalização. Nesse grupo, procuramos apoiá-las e mostrar-lhes caminhos que aliviem seu sofrimento no hospital. Vários são os assuntos comumente abordados pelas mães: saudade de casa e de outros filhos, saudade do marido, culpa pela doença da criança, cansaço por permanecer no hospital, religiosidade, esperança, descrédito, problemas internos da enfermaria, negação da doença etc.

As mães que não permanecem internadas no hospital com seus filhos têm a oportunidade de diariamente obter informações sobre a criança junto da equipe de saúde e podem participar, durante o horário de visitas, de um grupo que vise comunicar dados às famílias. O objetivo dessa conduta é levar informações detalhadas sobre a doença, transmitir segurança aos pais, discutir seus medos, estabelecer um vínculo verdadeiro entre a equipe de saúde e a família. Desse grupo de pais podem fazer parte o residente, o psicólogo, a enfermeira e a assistente social. Essa reunião foi implantada pelo Serviço de Psicologia, que percebeu a dificuldade, por parte das famílias, em obter informações detalhadas sobre seus filhos, e também dos residentes, que, durante o horário de visitas, cumpriam um ritual desorganizado e pouco produtivo de transmitir informações rápidas e superficiais no meio do corredor da enfermaria.

Os resultados mostraram que todas as famílias aproveitaram muito a reunião semanal. Cada uma delas tem a oportunidade de esgotar todas as dúvidas possíveis, sem pressa. O residente responsável pelo leito tenta, de forma simples e concreta, transmitir informações sobre o diagnóstico, a evolução, os exames e o prognóstico. Geralmente, também procura transmitir dados de nutrição, higiene e puericultura. As famílias assistem às explanações e participam ativamente por meio de perguntas. Os resultados têm sido excelentes. As famílias têm se sentido apoiadas, seguras e participantes de todo o processo de doença e hospitalização. Os residentes têm conseguido treinar a relação médico-paciente com muito sucesso e principalmente numa situação bem mais difícil, que é o fato de haver um grupo formado pelas famílias e por outros profissionais. Essas reuniões, a princípio, eram atividade obrigatória na enfermaria. Com o passar do tempo e com o rodízio dos residentes, passamos a deixar a critério da equipe médica a transmissão de informações nas enfermarias ou em grupo. Alguns médicos se interessaram mais por conversar individualmente com cada família. Já outros preferiram o trabalho em grupo. Como trabalhamos em uma equipe multiprofissional, devemos buscar um consenso em todos os aspectos. Apesar disso, as famílias continuam sendo plenamente atendidas.

VII. Conclusão

Para finalizar, gostaríamos de deixar uma mensagem muito pessoal a todos aqueles que se interessam pela psicologia hospitalar.

Primeiramente, gostaríamos de afirmar que trabalhar como psicólogo num hospital é uma das atividades mais gratificantes e enriquecedoras. No entanto, é importante ressaltar que esse trabalho maravilhoso que tanta gratificação pessoal nos traz também é desgastante, exaustivo, muitas vezes sem sucesso, principalmente no que se refere à aceitação, ao trabalho em equipe, às dificuldades institucionais. Todos aqueles que se dedicam à psicologia hospitalar sabem disso: não basta ser uma atividade bem-feita, não basta estar bem objetivada, não basta ser rica e coerente. Necessita fundamentalmente do apoio de toda a equipe de saúde envolvida. Dificilmente o psicólogo obterá sucesso se trabalhar sozinho, isolado de outros profissionais, longe das necessidades reais dos pacientes, da equipe de saúde e das famílias.

Gostaríamos também de considerar que o trabalho em psicologia hospitalar deve ser coerente com as necessidades do hospital em questão. De nada adianta tentar transpor modelos preconcebidos de consultório. Os resultados, sem dúvida, serão pobres e sem sentido. Além disso, o psicólogo dentro do hospital deve ter muita habilidade, muita vontade e principalmente muito conhecimento para conseguir desenvolver plenamente as atividades. Muitos profissionais relatam insucesso em seus trabalhos no hospital, justamente pelo pouco conhecimento específico em psicologia hospitalar, ou ainda por buscar na instituição aspirações distintas e inconcebíveis.

Por fim, gostaríamos de afirmar que trabalhar com crianças doentes e hospitalizadas é tarefa que exige muita dedicação e principalmente muito amor. Amor para dar e receber. Amor para aliviar, prevenir e curar. As crianças doentes e hospitalizadas nos ensinam a viver. Portanto, trabalhar junto a elas é aprender a viver!

Referências bibliográficas

1. MENCHACA, F. J. Interrelación Pediatra – Familia – Comunicación. In: CONGRESO PANAMERICANO DE PEDIATRÍA, X. 1972.
2. SPITZ, R. A. Hospitalism: an inquiry into the genesis of psychiatric conditions in early childhood (I). *The psychoanalytic study of the child*, v. 1, p. 53, 1945.
3. ESCARDÓ, F.; GILBERTI, E. Hospitalismo. Buenos Aires: Editorial Universidad de Buenos Aires, 1964. [Sobre hospitalismo. *Revista Colombiana de Pediatría y Puericultura*, v. 20, n. 3, p. 157-173, 1963].
4. BOWLBY, J. Material care and mental health. W.H.O., Monograph Series, n. 2, Geneva: Palais des Nations, 1951. [Ed. em espanhol: *Los cuidados matemos y la salud mental. Publicaciones Científicas*, Organización Panamericana de la Salud (OPS), n. 14, 1954.]
5. AUBRY, J.; BARGNES, R. *Les facteurs psychologiques de l'hospitalisation*. Probl. Act. Pediatr., Bâle-New York, v. IX, 1965.
6. SARTI, P. Il ruolo della madre nell'Ospedale Pediatrico. *Minerva Pediatrics*, v. 27, n. 23, p. 1281-1299, 1975.
7. GLASER, K. Grou discussions with mothers of hospitalized children. *Pediatrics*, 26, p. 132, 1960.
8. EISENBERG, G. Princípios do desenvolvimento – carência afetiva – neurose de abandono – aspectos psicológicos da internação de crianças em hospitais. São Paulo: Santa Casa de Misericórdia de São Paulo, 1968.
9. ILLINGWORTH, R. S.; HOLT, K. S. Children in hospital – Some observations of their reactions with special reference to daily visiting. *Lancet*, v. 266, n. 6903, p. 1257-1263, 1955.
10. CHIATTONE, H. B. C. Relato de experiência de intervenção psicológica junto a crianças hospitalizadas. In: ANGERAMI, V. A. *Psicologia hospitalar, a atuação do psicólogo no contexto hospitalar*. São Paulo: Traço Editora, 1984. (Série Psicoterapias Alternativas).
11. AUBRY, J. *Rapport AUBRY*. Paris: Presses Universitaires de France, 1955.
12. KATZNELSON, D. *Experiments in unrestricted visiting by parents in the children's department of a hospital*. Tel Aviv, 1955.
13. ROBERTSON, J. *Young children in hospitais*. New York: Basic Books, 1958.

14. ROBERTSON, J. A mother's observations in the tonsillectony of her four year old daughter with comments by Anna Freud. In: EISSLER, R. S.; FREUD, A. et al. *Psychoanalytic Study of the Child*, v. 11, p. 410-443, 1956. [Nursing Times, 1957].
15. BOWLBY, I. *Cuidados maternos e saúde mental*. São Paulo: Martins Fontes, 1976.
16. SCHAFFER, H. R.; CALLENDER, W. M. Psychologic effects of hospitalization in infancy. *Pediatrics*, v. 24, p. 528-539, 1959.
17. SPITZ, R. A. Hospitalism: an inquiry into the genesis of psychiatric conditions in early childood (I). *The Psychoanalytic Study of the Child*, v. I, p. 53, 1945.
18. AZZI, E. Princípios do desenvolvimento – carência afetiva – neurose de abandono – aspectos psicológicos da internação de crianças em hospitais. São Paulo: Santa Casa de São Paulo, 1968.
19. LOWREY, P. Princípios do desenvolvimento – carência afetiva – neurose de abandono – aspectos psicológicos da internação de crianças em hospitais. São Paulo: Santa Casa de São Paulo, 1968.
20. AZZI, op. cit., 1968.
21. SARTI, P., op. cit., 1975.
22. ROBERTSON, J. *Young children in hospitals*. New York: Basic Books, 1958.
23. BOWLBY, op. cit., 1951.
24. GEIST, H. *Como atender al niño antes y después de la hospitalización*. Buenos Aires: Paidós, 1976.
25. SHARP, J. Nursing and case assignment. *Nursing Times*, n. 46, p. 4-6, 1950.
26. ESCARDÓ; GILBERTI, op. cit., 1964.

3. Suicídio infantil: o desespero humano na realidade hospitalar

Valdemar Augusto Angerami

I. Introdução

Este trabalho é fruto de nossa atividade com pacientes vítimas da tentativa de suicídio ao longo dos últimos anos. O impacto emocional diante da constatação de que crianças estão sendo atiradas às raias do desespero é simplesmente desesperador. Desesperador diante da própria desesperança de uma sociedade em que o direito à vida seja preservado e respeitado na condição de que os sonhos e ilusões se mantenham vivos. Vivemos numa sociedade em que os farrapos humanos se confundem com o lixo. Em que o absurdo é normal. E onde a violência nada mais é do que o sangue e o escarro das vítimas dessa situação caótica. E assim é: crianças buscando o suicídio como condição de alívio aos sofrimentos existenciais: insolitamente a própria destrutividade da sociedade.

Buscamos a humanização do hospital. E a reflexão sobre o suicídio infantil remete-nos à consciência de nossa participação em uma luta sem vencidos ou vencedores. A condição humana nos escancara a dor d'alma ao mesmo tempo em que o hospital se abre para que a Psicologia Hospitalar atue na minimização desse sofrimento.

Este trabalho não tem a força de uma denúncia. É uma simples tentativa de descrição da atuação com pacientes, vítimas da tentativa de suicídio.

II. Descrição das atividades

O Centro de Psicoterapia Existencial mantém plantonistas nos prontos-socorros dos principais hospitais da cidade de São Paulo, prestando atendimento ao paciente vítima da tentativa de suicídio, tão logo dê entrada no hospital. Assim que mostre condições clínicas de atendimento, dá-se início ao acompanhamento psicológico por um dos plantonistas. A condição clínica implica uma recuperação das funções básicas relacionadas, portanto, aos meios utilizados para a tentativa de suicídio; por exemplo, na ingestão de comprimidos só há condições de atendimento após a lavagem gástrica. No caso da utilização de arma de fogo, as condições de atendimento, muitas vezes, são determinadas a partir de fatores como eventuais cirurgias. O objetivo inicial do primeiro atendimento psicológico é o estabelecimento de um sustentáculo emocional para que o paciente possa, em seguida, descobrir novas possibilidades e alternativas para sua vida.*

Nesse primeiro atendimento também delineia-se a deliberação do encaminhamento do caso a uma ajuda posterior. Os pacientes são encaminhados segundo os preceitos da entidade, além de considerar-se a peculiaridade do caso. Se o paciente for uma empregada doméstica, por exemplo, de nada adiantará seu encaminhamento a um processo psicoterápico isoladamente. Não se trata simplesmente de negar-se a necessidade de submeter-se a este processo; ao contrário, sempre tem-se por pressuposto que, ao buscar o suicídio como alternativa para os devaneios e sofrimentos existenciais, esse alguém padece emocionalmente em níveis sequer suportáveis. No entanto, a empregada doméstica, na maioria das vezes, quando tenta o suicídio, tem sobre si o peso de um desemprego recente.

Dessa forma, percebe-se que o encaminhamento a um processo psicoterápico não terá efeito positivo se, concomitantemente, não houver uma entidade que venha prover-lhe as necessidades econômicas básicas e de moradia. Portanto, terá a ajuda da Associação das Empregadas Domésticas e a alternativa de um tratamento psicoterápico.

Já nos casos em que são detectados determinantes emocionais na tentativa de suicídio, há o encaminhamento imediato ao processo psicoterápico. O Centro de Psicoterapia Existencial mantém uma rede de ajuda psicoterápica às pessoas que são dirigidas aos núcleos de atendimento pelos plantonistas, segundo a localidade (bairro) conveniente a cada paciente. Algumas vezes há o encaminhamento para grupos de bairro, visando-se dessa forma uma interação social, porque em muitos casos ocorre o isolamento.

---

* Nesse primeiro atendimento não se tem a pretensão nem a intenção de uma abordagem profunda no tocante aos problemas existenciais do paciente. Sabemos que nesse primeiro contato acenamos como uma luz de esperança no turvo de suas possibilidades. Muitas vezes, inclusive, somos uma ilusão tangenciada pela fé perceptiva desse paciente em desespero; uma proposta de atendimento mais abrangente não pode ficar restrita às limitações físicas impostas pelo atendimento realizado no hospital e mais especificamente, na maioria das vezes, nos corredores sombrios de um pronto-socorro.

O encaminhamento ao processo psicoterápico de nada adiantará se não se der uma base social sólida para o trabalhador, como no caso da empregada doméstica que tenta o suicídio por estar desempregada e sem perspectivas de vida. Nos casos em que o desemprego atua como determinante, os encaminhamentos são feitos para comunidades de base, núcleos de pastoral operária, núcleos de partidos políticos e, mais recentemente, à Associação Paulista de Solidariedade ao Desemprego.

Após muitos anos de prática no atendimento com esses pacientes, o pressuposto de evitar-se o aniquilamento provocado pelo isolamento social é um grande antídoto na prevenção da reincidência da tentativa de suicídio. Nossa experiência nos permite supor que, ao sair do isolamento social, o paciente irá ao encontro de outras pessoas com problemas semelhantes, e dessa forma adquirirá condições favoráveis para refletir sobre suas dificuldades mais prementes. Se levarmos em conta que muitas vítimas da tentativa de suicídio apresentam indícios de problemas socioeconômicos e psicológicos de amplitude crítica, em função do contexto social em que o país tem se estruturado, poderemos concluir que o agrupamento dessas pessoas junto a grupos ou entidades reivindicatórias tem prestado grande auxílio nos tratamentos psicoterápicos. O envolvimento em torno de objetivos comuns, contra situações opressoras, poderá criar condições promissoras na luta pela dignidade existencial e até mesmo numa transformação social mais ampla.

Além dessas atividades, existe uma preocupação muito grande em divulgar e mesmo denunciar à opinião pública as condições de inúmeras pessoas atiradas ao desespero e suicídio diante da conjuntura política, econômica e social do país. Não são raras nossas entrevistas e depoimentos aos órgãos da grande imprensa, para a divulgação dos dados de nossas atividades. A vexação, por exemplo, de tantas pessoas que buscam o suicídio levadas pelo desespero do desemprego é um dado que não pode ficar restrito apenas aos prontuários da entidade.

Outro objetivo do Centro é a elaboração de modelos práticos para os atendimentos psicológico e psicoterápico sedimentados em setores definidos da realidade brasileira.

Há um grupo de trabalho que dá assistência às vítimas de tentativa de suicídio e outro que atua em setores hospitalares com pacientes portadores de doenças crônicas e pacientes terminais.**

** Nossa atuação com pacientes terminais foi pioneira no país. Além de algumas publicações que fizemos sobre a temática, existem registros dessa atuação tanto nos órgãos da imprensa como na literatura especializada.

Em resumo, a atuação do Centro de Psicoterapia Existencial em relação à temática do suicídio pode ser definida em quatro níveis principais:

1. trabalho psicológico e psicoterápico;
2. orientação aos familiares dos pacientes e de pessoas que se suicidaram;
3. divulgação de fatores sociais, políticos e econômicos concernentes ao desespero individual que merecem a atenção da opinião pública e das autoridades competentes; e
4. reflexão e estudo sistematizado da temática suicídio.

III. O suicídio na realidade hospitalar

A primeira dificuldade que surge quando se estrutura um serviço de psicologia no pronto-socorro do hospital geral para o atendimento de pacientes vítimas da tentativa de suicídio, na maioria das vezes, é a indiferença dos profissionais da saúde diante do sofrimento emocional do paciente. A tentativa de suicídio é vista como uma agressão aos princípios da vida. O sofrimento emocional existente atrás do ato da tentativa de suicídio não é considerado em sua essência.

Os profissionais de saúde que atuam num pronto-socorro em sua formação acadêmica aprendem normas e técnicas para lidar com sintomas, curativos, cirurgias etc. Não refletem durante essa formação sobre uma questão complexa e bastante emaranhada: a morte. No entanto, quando iniciam suas atividades profissionais, deparam com ela constantemente. E muitas vezes com pacientes que procuram-na como alternativa aos sofrimentos existenciais. Lidar com essas situações torna-se extremamente difícil na medida em que a atitude do paciente afronta o princípio de suas práticas profissionais: a preservação da vida.

Eis o depoimento de uma paciente por nós atendida: "Tentei morrer. Não sei se a dose de remédios que tomei não foi suficiente. A verdade é que comecei a passar muito mal. Tive vômitos e muita dor de cabeça. Daí, levaram-me ao pronto-socorro. Então percebi o que significava buscar a solução de nossos problemas através da morte. Os médicos me desprezavam, as enfermeiras pareciam interessadas na provocação de dor. Até as atendentes vinham me olhar como se fosse algum animal raro em exposição no zoológico. Pude então perceber de forma clara o que significa o ato de suicídio: uma busca da morte onde não se quer morrer, e sim livrar-se desse mundo egoísta que enlouquece e tortura. E quando não conseguimos atingir nossos propósitos, a sociedade, através de seus representantes, médicos, enfermeiros, policiais etc., nos imputa todos os tipos de prevaricação.[1]

Após longos anos coordenando serviços de psicologia nos prontos-socorros dos principais hospitais da cidade de São Paulo, podemos afirmar sem margem de erro que a nossa atividade é considerada bem-sucedida quando, além da eficácia do atendimento ao paciente, conseguimos sensibilizar a equipe de saúde para os aspectos emocionais do suicídio.

A atitude insensível desses profissionais ganha dimensões ainda mais drásticas nos casos que envolvem a tentativa de suicídio na infância.

Na quase totalidade dos casos, atribui-se o ato a um possível acidente doméstico. E mesmo o depoimento do paciente manifestando o desejo de morrer para colocar fim à própria vida não modifica a conceituação de que o gesto é *coisa de criança, e não um ato destrutivo*. Também é comum desprezarem o depoimento dos pais considerando irrelevantes ou até mesmo exagerados diante daquilo que é considerado simplesmente um ato trivial, um mero acidente doméstico. Muitas vezes esses profissionais insistem no fato de que a profilaxia para tais casos consiste unicamente no afastamento do alcance das crianças de medicamentos e substâncias corrosivas.

A realidade de um pronto-socorro apresenta atendimento aos mais diversos casos: ferimentos, espancamentos, atropelamentos etc. A tentativa de suicídio é apenas mais uma das muitas facetas da violência que atinge o hospital. O médico trata o organismo enfermo. A dor d'alma não é considerada. E o mergulho de desespero em que o paciente se encontra atirado não é tido como verdadeiro. Assim, o primeiro passo para a efetivação de um trabalho abrangente de psicologia no pronto-socorro com o paciente vítima de tentativa de suicídio é aquele que nos remete para uma reflexão sobre o significado do suicídio na condição humana.

O suicídio infantil mostra a necessidade de um posicionamento harmonioso dos profissionais da saúde para que o sofrimento humano seja compreendido em sua verdadeira essência. E embora essa realidade mostre números alarmantes, ainda estamos longe da adoção de um conjunto de atitudes que possa apreender esse sofrimento de modo claro e efetivo. E na medida em que o paciente vítima da tentativa de suicídio é considerado alguém portador de determinadas psicopatologias, as crianças que enveredam por esse caminho trazem sobre si a possibilidade de um estigma irreversível, se não houver uma compreensão humana e existencial desse gesto.

Segundo Garfunkel, citado por Lippi,[2] o suicídio entre crianças supera, em ocorrência, mortes causadas por tumores, hipertensão, leucemias e outras doenças letais, de acordo com estatísticas norte-americanas.

Alguns teóricos afirmam que o suicida é um ser condenado à morte por uma sociedade destrutiva e que executa a sentença com as próprias mãos. Nesse sentido, o suicídio infantil terá como verdugos um número muito grande de responsáveis que, inclusive, transcende os limites familiares. E levando-se em conta que correntes progressistas da psicologia afirmam que a criança, na maioria das vezes, configura-se como sendo o "paciente identificável" de uma estrutura familiar doentia, o suicídio infantil mostra, então, facetas de destrutividade da família e da própria sociedade.

Vimos anteriormente que o nosso trabalho com paciente vítima da tentativa de suicídio ocorre tão logo este demonstre condições clínicas de atendimento. Nos casos específicos de crianças, antes mesmo que o paciente apresente tais condições, na quase totalidade dos casos, a família se apresenta desarvorada em busca de algum esclarecimento das possíveis razões desse ato. O desespero das famílias torna verdadeira a afirmação de que o suicídio é um ato que sempre é revestido de muita violência. Até mesmo naquelas formas em que o ato é fulminante e a princípio sem qualquer sinal aparente de dor física, ainda assim, a violência é eminente, transcendendo toda e qualquer conceituação.

O suicídio é um fenômeno que, ao se manifestar, não atinge apenas a vítima, mas seus familiares e amigos próximos. Ou seja, sua ocorrência atinge a todos que direta ou indiretamente convivem com a vítima. A culpa originária é infindável, e seus contornos, imprevisíveis. No entanto, o suicídio, assim como outras manifestações sociais – a loucura, os assassinatos, os crimes sociais, as doenças contagiosas e outros –, não mobiliza as sociedades contemporâneas no sentido de combatê-lo, mas sua ocorrência questiona diretamente a própria estrutura social.[3]

Dessa forma, o atendimento realizado com familiares da criança implica um trabalho cuja dimensão inicial é o suporte emocional para a culpa apresentada. "O que fizemos de errado?!?!", "Onde falhamos?!?!?", "Será que ela não ama sua família?!?!" Estes e outros questionamentos caem sobre o psicólogo no meio de um turbilhão de desespero e dor.

A família deve ser ouvida e orientada no sentido de alcançar aceitação e compreensão dessa criança para que o seu sofrimento não seja agravado por punições e sanções totalmente inadequadas nesse momento difícil.

O psicólogo deve estar aberto para um atendimento que possa abarcar o sofrimento desses familiares sem, contudo, revestir-se de uma postura de crítica a possíveis falhas no relacionamento familiar, eventualmente detectadas no pronto-socorro. O atendimento hospitalar deve levar em conta que o ato do suicídio expõe essa família a uma vulnerabilidade sequer tangenciada pela razão. A catarse, fator importante nos processos psicoterápicos, nesse contexto adquire a condição de bálsamo cicatrizante dessas chagas existenciais. Todos se fundem num sofrimento único e por assim dizer escoram na própria dor as complacências e a indignação da precariedade da condição humana. As cenas de dor desta família são tão desesperadoras que sua retratação num texto acadêmico perde-se no conteúdo de sua essência. Médicos, enfermeiras, assistentes sociais, psicólogos, todos perplexos diante dessa realidade, em que a violência do suicídio mostra um lado de destrutividade que as reflexões teóricas sequer podem conceber.

A criança, por outro lado, deve ser aceita em sua manifestação de dor, e não ser simplesmente desprezada em suas razões. E na medida em que o atendimento é realizado dentro dos limites impostos pelas condições de um pronto-socorro, torna-se evidente que o psicólogo deve facilitar o depoimento da criança utilizando-se dos recursos disponíveis para tal. A atividade lúdica, utilizada nos atendimentos realizados com crianças tanto no plano institucional como no consultório, perde sua força em virtude das condições hostis de um pronto-socorro. Havendo um prolongamento da hospitalização, poderá então ser efetivado um atendimento em que os recursos lúdicos sejam utilizados. Nesses casos, necessariamente a criança será atendida ou na pediatria ou em alguma clínica específica. Dessa maneira, o atendimento poderá ser realizado utilizando-se outros recursos, que incluem desde o material lúdico até possíveis testes psicológicos. Cabe ao psicólogo a estruturação de um trabalho cujo instrumental leve em conta as diversas nuanças da trajetória hospitalar da criança vítima da tentativa de suicídio. E, dessa maneira, procurar solidificar uma estrutura de trabalho que atenda às necessidades emocionais desse paciente, pequena vítima em agonia diante dos desatinos da existência.

Um aspecto muito importante da conduta do psicólogo no trabalho com paciente vítima da tentativa de suicídio, dissemos anteriormente, é aquele que nos remete à necessidade imperiosa da estruturação de um trabalho multidisciplinar. A reflexão sobre aspectos inerentes ao suicídio e a sua significação na existência humana são fatores primordiais na adoção de atitudes que possam abarcar a problemática do paciente de modo abrangente. Uma compreensão dos aspectos globais do paciente será parâmetro do êxito do trabalho realizado. É necessário não apenas uma visão clínica em que apenas o médico, a enfermeira e eventualmente o psicólogo opinem, mas também uma visão social incluindo-se os aspectos da própria dificuldade socioeconômica e familiar desse paciente. A inserção de tais aspectos globalizantes na análise do caso elucidará os diversos fatores que contribuíram para levar esse paciente ao desespero da tentativa de suicídio, e assim ajudar a determinar o tratamento mais eficaz em seu processo de recuperação. Isoladamente, o psicólogo poderá detectar possíveis condições emocionais que eventualmente tenham contribuído para um ato desesperado como a tentativa de suicídio, mas é necessário que outros aspectos sejam analisados para que o diagnóstico não se perca em mero reducionismo teórico.

O trabalho junto a crianças vítimas da tentativa de suicídio está a exigir do psicólogo uma total reflexão em seu desempenho no sentido de buscar uma prática clínica que vá ao encontro das reais necessidades do paciente. A psicologia hospitalar no Brasil, em que pesem os esforços dos pioneiros da área, apenas tartamudeia as primeiras palavras. E a temática do suicídio infantil faz com que ela se apequene diante do desespero contido no sofrimento desses pacientes. Esse seguramente é um dos maiores desafios que o psicólogo enfrenta na realidade hospitalar.

IV. Os números alarmantes do desespero

Nesta parte do trabalho, mostraremos os dados obtidos por Lucci e colaboradores[4] e os do Centro de Psicoterapia Existencial.

Os dados contidos no trabalho "Tentativa de Suicídio na Infância"[5] foram obtidos por meio do levantamento das fichas de ocorrência do Serviço de Controle de Intoxicações de São Paulo. A caracterização da circunstância como tentativa de suicídio é feita pela expressão verbal da criança do desejo de morrer ou por informações da mãe e/ou familiar. Em caso de dúvida, a circunstância é assinalada no item "outros". Foi realizado um levantamento das fichas de ocorrência, atendimento telefônico e hospitalar, no período de janeiro a dezembro de 1983 e janeiro a outubro de 1984. Dessas fichas foram selecionadas as de crianças com idade entre sete e 12 anos.

Os números do trabalho de Lucci (Gráficos 1 e 2) são mostrados nas páginas seguintes.

Os dados do Centro de Psicoterapia Existencial (Tabela 3 e Gráfico 4), também mostrados nas páginas seguintes, embora não apresentem o número exato dos casos situados na faixa etária localizada entre cinco e dez anos de idade, tornam preocupante a incidência da tentativa de suicídio na infância – casos de crianças com idade média de dez anos e que estão enveredando pelos caminhos da tentativa de suicídio.

Podemos ainda, na difícil compreensão dos determinantes do suicídio, dizer que, segundo dados do IBGE, os homens, apesar de tentarem o suicídio em menor escala, são os que mais concretizam o ato. E até mesmo nos quadros de tentativas de suicídio são os homens que mais se utilizam dos métodos considerados eficazes (arma branca, arma de fogo, quedas de grandes alturas etc.).

Segundo estatísticas realizadas, temos ainda a estimativa de que mais de mil pessoas tiram a vida por dia em todo o mundo, e que mais de 10 mil tentam fazê-lo – quase uma tentativa de suicídio por minuto. O pior nesse quadro alarmante é que as perspectivas são de que esses números aumentem ainda mais. Uma grande quantidade de tentativas de suicídio são escondidas ou falseadas nos prontuários hospitalares, devido, principalmente, à omissão social do suicídio. É praticamente impossível detectar o número exato de tentativas

Gráfico 1 – Histograma da porcentagem (%) de casos em função do tipo de agente tóxico e faixa etária (SCI – 1983) no atendimento hospitalar

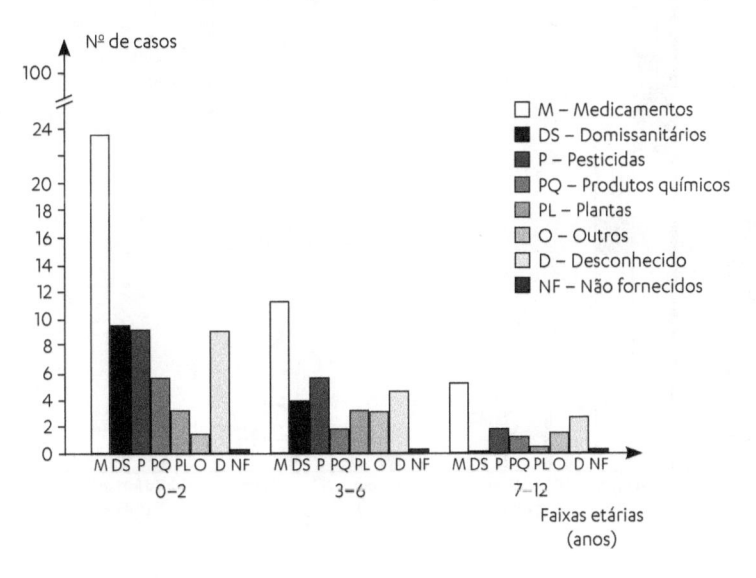

de suicídio que ocorrem diariamente, seja em razão de o paciente fornecer dados falsos de identificação, seja porque se atribui uma causalidade acidental ao ato da tentativa de suicídio.

Muitos suicídios, ao se concretizarem, tornam difícil sua real apuração. Assim, por exemplo, um suicídio realizado por desastre automobilístico irá para as estatísticas não como suicídio, mas sim como evento ligado à temática dos acidentes automobilísticos: falha mecânica, imperícia do motorista, excesso de velocidade etc.

V. Alguns casos clínicos

Relataremos alguns casos clínicos para que a problemática da tentativa de suicídio na infância seja dimensionada em toda a sua amplitude. Esses casos pertencem aos prontuários do Centro de Psicoterapia Existencial.

Gráfico 2 – Atendimento hospitalar de janeiro a junho/1984
Circunstância x sexo x faixa etária

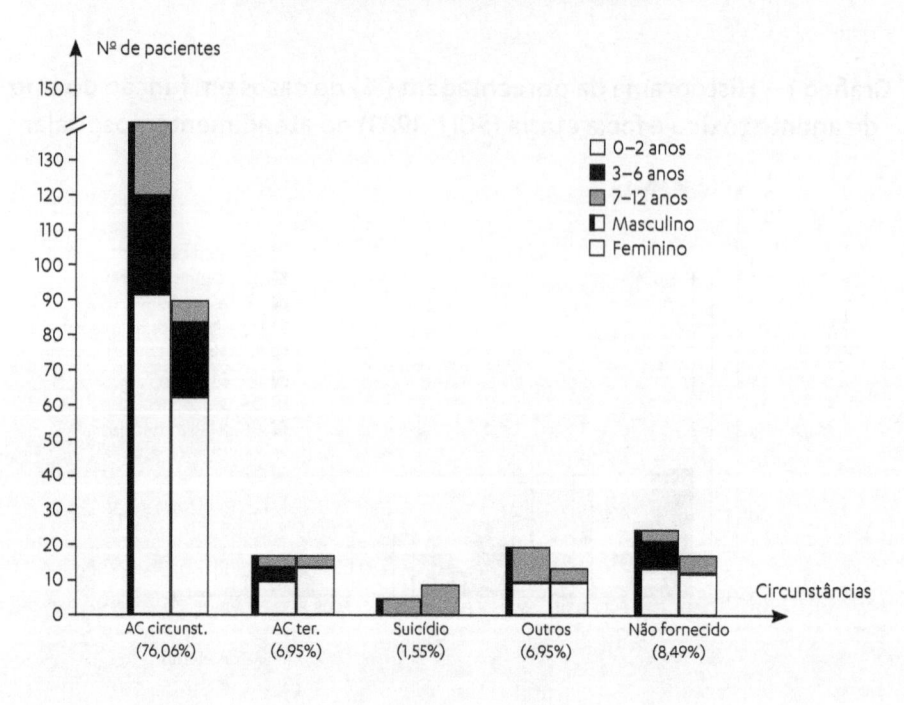

Nº de pacientes

□ 0–2 anos
■ 3–6 anos
▨ 7–12 anos
□ Masculino
□ Feminino

AC circunst. (76,06%)
AC ter. (6,95%)
Suicídio (1,55%)
Outros (6,95%)
Não fornecido (8,49%)

Circunstâncias

Caso 1

Identificação:
Nome: MCB
Idade: nove anos
Cor: branca
Sexo: feminino
Naturalidade: São Paulo
Tipo de tentativa: ingestão excessiva de comprimidos

Relato do caso

Centro de Psicoterapia Existencial

Dados relacionados com a tentativa de suicídio nos anos de 1982, 1983 e 1984.

Tabela 1 – Sexo

	1982 nº de casos	%	1983 nº de casos	%	1984 nº de casos	%
homens	123	(20)	177	(22,04)	157	(18,40)
mulheres	492	(80)	626	(77,95)	696	(81,59)
TOTAL	615	(100)	803	(100)	853	(100)

Tabela 2 – Meios utilizados

	1982 nº de casos	%	1983 nº de casos	%	1984 nº de casos	%
ingestão de comprimidos	485	(78,86)	618	(76,96)	684	(80,18)
ingestão de veneno	86	(13,98)	98	(12,20)	82	(9,61)
ingestão de água sanitária	14	(2,92)	19	(2,36)	23	(2,69)
ingestão de inseticida	12	(1,95)	17	(2,11)	14	(1,64)
ingestão de soda cáustica	9	(1,46)	17	(2,11)	18	(2,11)
ingestão de comprimidos com outras substâncias	3	(0,48)	15	(1,86)	12	(1,40)
ferimento no pulso	2	(0,32)	3	(0,37)	8	(0,93)
uso de arma branca	3	(0,48)	4	(0,49)	9	(1,05)
uso de arma de fogo	1	(0,16)	12	(1,49)	3	(0,35)
TOTAL	615	(100)	803	(100)	853	(100)

Tabela 3 – Faixa etária

	1982 nº de casos	%	1983 nº de casos	%	1984 nº de casos	%
10 a 20 anos	287	(46,60)	361	(44,95)	387	(45,30)
21 a 30 anos	215	(34,95)	288	(35,86)	301	(35,28)
31 a 40 anos	67	(19,89)	103	(12,82)	109	(12,77)
41 a 50 anos	34	(5,52)	47	(5,85)	48	(5,62)
51 a 60 anos	8	(1,30)	—	—	3	(0,35)
61 a 70 anos	4	(0,65)	4	(0,49)	5	(0,58)
TOTAL	615	(100)	803	(100)	853	(100)

MCB disse que seus pais e irmãos trabalham fora. Por esse motivo é obrigada a ficar em casa cuidando do irmão mais novo e das atividades do lar. A paciente relata que necessita tomar comprimidos diariamente para evitar desmaios. Conta ainda que sua mãe a espanca diariamente sem o menor motivo. O pai quase sempre está embriagado e nada faz diante dos espancamentos que a mãe provoca. Tomou os comprimidos (os mesmos que tomava diariamente) após sofrer uma violenta surra da mãe.

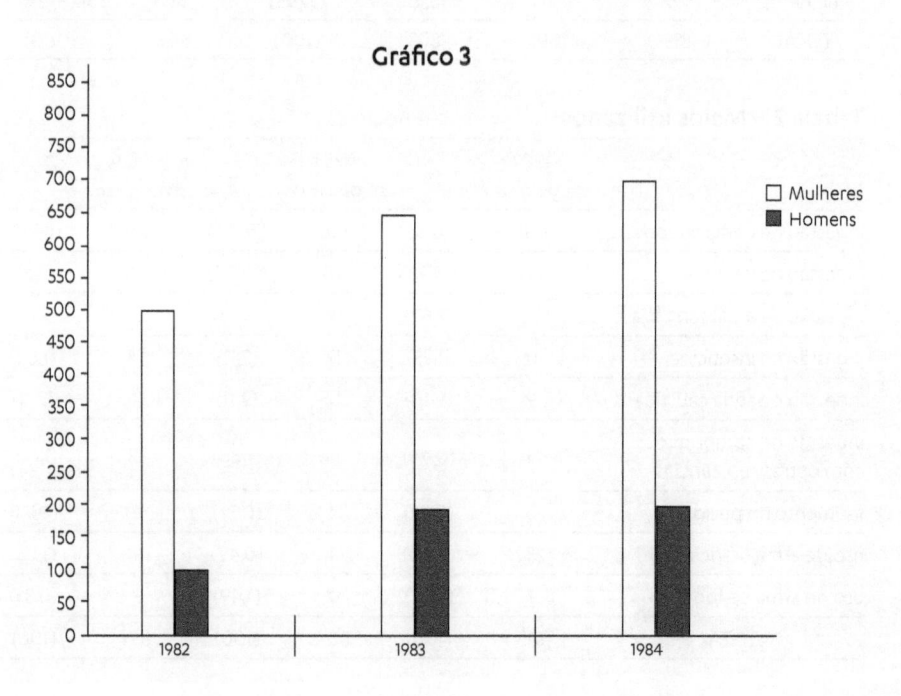

Gráfico 3

MCB conta que não quer continuar vivendo, pois está cansada de "tanta surra" (sic). Diz ainda que gostaria de viver como outras crianças que "brincam e não precisam cuidar da casa" (sic).

Caso 2
Identificação:
Nome: RSL
Idade: dez anos
Cor: branca
Sexo: masculino
Naturalidade: São Paulo
Tipo de tentativa: ingestão excessiva de comprimidos

Relato do caso
RSL conta que tomou os comprimidos (analgésicos) para não ser surrado pelo pai em virtude de reprovação escolar. Narra ainda que o pai é muito violento, espancando-o por razões insignificantes. Diante das ameaças do pai de que "o mataria" (sic) se ele fosse reprovado na escola, preferiu tomar uma dose excessiva de analgésicos a ter que enfrentar a ira do pai diante do fracasso escolar.

Caso 3
Identificação:
Nome: VSB
Idade: 11 anos
Cor: preta
Sexo: masculino
Naturalidade: São Paulo
Tipo de tentativa: ingestão excessiva de comprimidos

Relato do caso
VSB conta que tentou se matar em razão de ter sido estuprado pelos colegas de rua. Não suportando a humilhação de que seria vítima diante dos colegas, foi até uma farmácia próxima e comprou uma grande quantidade de analgésicos que ingeriu na porta da própria farmácia. VSB diz que não tem familiares e que sua casa é a rua. Conta ainda que foi socorrido por um homem que passou pelo local e percebeu que ele não estava passando bem. Relata também que

não quer mais viver, pois não suporta o tipo de vida que leva, permeada por inúmeras prisões e violência policial. O estupro, segundo narra, foi o estopim que terminou com todas as esperanças de uma vida diferente.

Caso 4
Identificação:
Nome: MRM
Idade: oito anos
Cor: branca
Sexo: feminino
Naturalidade: São Paulo
Tipo de tentativa: ingestão excessiva de comprimidos

Relato do caso
MRM foi violentada pelo próprio pai, que inclusive a ameaçou de morte caso contasse o ocorrido a alguém. MRM diz que não quer mais continuar vivendo e se submetendo aos desejos do pai. Conta que sua mãe é uma pessoa muito boa, mas que nada pode fazer diante da violência do pai. Sente-se totalmente desamparada no mundo, não tendo a quem recorrer diante de tanto sofrimento.

VI. Considerações complementares

A temática do suicídio na infância está a exigir dos profissionais da saúde uma reflexão sistematizada sobre as razões de uma violência que atinge um teor extremado de destrutividade. Muitas vezes falamos e escrevemos sobre a questão do suicídio, mas os casos que envolvem crianças buscando a morte como alívio aos sofrimentos existenciais são por demais insólitos para que se possa acreditar que sejam verdadeiros.

Referências bibliográficas
1. ANGERAMI, V. A. *Suicídio – Fragmentos de psicoterapia existencial*. São Paulo: Thomson, 2002.
2. LIPPI, J. R. S. et al. Ameaça e tentativa de suicídio na infância. *Folha Médica*, v. 73, n. 3, set. 1976.
3. ANGERAMI, op. cit., 2002.

4. LUCCI, M. L. R. S. et al. Tentativa de suicídio na infância. Trabalho apresentado no I Congresso Brasileiro de Terapia Intensiva. São Paulo, novembro de 1984.
5. Ibidem.

ANGERAMI, V. A. *Psicoterapia existencial*. São Paulo: Thomson, 2002.

ANGERAMI, V. A. *Crise, trabalho e saúde mental no Brasil*. São Paulo: Traço Editora, 1986.

CAMUS, A. *Le mithe de Sisyphe*. Paris: Gallimard, 1952.

LIPPI, J. R. S. et al. Ameaça e tentativa de suicídio na infância. *Folha Médica*, v. 73, n. 3, set. 1976.

4. O paciente em hemodiálise

Marli Rosani Meleti

"Todas as pessoas têm o direito de morrer com dignidade e a recusar e rejeitar o uso ou aplicação, por qualquer pessoa, de recursos medicamentosos ou cirúrgicos, artificiais, extraordinários, extremos ou radicais ou procedimentos calculados para prolongar sua vida."*

I. Introdução

Os rins, assim como o coração e os pulmões, desempenham papel vital num organismo. O seu não funcionamento, ou seja, a filtragem e a eliminação de substâncias tóxicas do corpo, desenvolve um quadro patológico denominado uremia, levando o indivíduo à morte.

Muitas são as causas que podem levar à perda da função renal. Até a década de 1960 pouco se tinha a fazer em prol desse paciente. Nessa época surgem dois métodos de ajuda ao chamado paciente renal crônico: a hemodiálise, ou o "rim artificial", no qual uma máquina é usada para eliminar as impurezas do sangue em substituição aos rins parados, e o transplante, quando, cirurgicamente, se implanta um rim funcionante de uma pessoa doadora no corpo do paciente cujo rim cessou de funcionar.[1]

Indubitavelmente esse avanço da medicina representado por essas duas técnicas muito tem ajudado o paciente renal crônico. Apesar desse sucesso, no entanto, ambos os procedimentos acabam por impor a esse paciente sérias limitações físicas, sociais e psicológicas.

Se falarmos do paciente sob regime de hemodiálise, que é o que vai nos interessar neste estudo, teremos um indivíduo que está exposto a um severo

---

* *Draft Legislation on Euthanasia and Refasal of Treatment*, apresentado no Senado de West Virginia em 22 de fevereiro de 1972.

regime terapêutico,** que gera estado estressante, tanto física como também psicologicamente. São pacientes caracterizados pela dependência total e real da máquina, conjuntamente com alterações em seu estado de saúde; com distúrbios somáticos, doenças secundárias e restrições das mais variadas.²

Sem dúvida, ao entrar para um programa de hemodiálise, o urêmico vislumbra a possibilidade de prolongar a vida. Paralelamente, no entanto, vai havendo, e talvez na mesma proporção, um decréscimo na qualidade dessa vida. Nossa intenção neste trabalho é não só mostrar quem são esses pacientes e suas problemáticas, como também propor uma forma de ajuda que ocorra junto com a terapêutica médica. Se não conseguirmos restituir-lhe a qualidade de vida anterior à doença, seguramente iremos melhorar a qualidade de vida atual para que essa existência não seja um simples fardo degradante.

II. Hemodiálise – princípios

Um paciente renal crônico, no geral, recebe o tratamento em centros especializados em hemodiálise, encontrados em hospitais-escolas, ou em instituições vinculadas à Previdência Social, sendo raras as instituições privadas que prestam essa assistência. É um tratamento de alto custo financeiro; isso talvez explique o que observamos em nossa experiência – grupos de pacientes altamente heterogêneos, nos mais diferentes aspectos: idade, sexo, condições socioeconômica e culturais.

Quando falamos nesses centros especializados, imaginamos sempre salas com máquinas alinhadas lado a lado e frente a frente, o que implica dizer que um paciente está em contato com outros e em meio a cuidados emergenciais para outros. Há ocasião em que ele poderá ser a emergência e, em outra, presenciar a morte de um paciente amigo.

As emergências e as mortes são uma constante, uma vez que o procedimento do tratamento é por si só delicado e altamente estressante. Um paciente "ligado" à máquina assiste a seu sangue fluir continuamente para fora do seu corpo por um complicado sistema de tubos até a máquina, para depois voltar.

Com o correr dos anos a técnica da hemodiálise tem sido simplificada. O sangue retirado de uma artéria é continuamente circulado através de um

---

** O paciente de um programa de hemodiálise, no geral, deve ir à máquina três vezes por semana, ficando "ligado" a ela em um período aproximado de quatro horas.

dialisador, onde é purificado, e a seguir retorna a uma veia. É necessária uma bomba para impulsionar o sangue, e o dialisador é imerso em um banho que contém líquido de concentração eletrolítica semelhante ao plasma.

O acesso ao sistema vascular se dá por meio de uma derivação ou de uma fístula obtida através de técnicas operatórias. É necessária uma boa técnica operatória para uma sobrevivência da derivação a longo prazo. São geralmente utilizadas a artéria radial e a veia cefálica. A derivação deve ser mantida seca e limpa, mas não necessita ser curativada diariamente.

A vida média da derivação é de oito a 17 meses para o lado arterial e de sete a dez meses para o lado venoso. As complicações incluem hemorragia, eliminação, infecção e coagulação. A revisão cirúrgica das derivações é frequentemente necessária.

As dificuldades com as derivações conduziram à utilização da fístula arteiovenosa interna. Uma anastomose de 5 mm é feita entre a artéria radial e a veia cefálica. As veias tornam-se arterializadas e após umas poucas semanas estão distendidas e são facilmente puncionadas. O paciente fica livre de carregar tubos no braço, as complicações são pouco frequentes, mas a velocidade do fluxo é mais baixa e sempre é necessária uma bomba para o sangue.

Com relação à máquina, o equipamento padrão consiste essencialmente em um tanque de aço e uma bomba para circular o líquido dialisador. A hélice de tubulação é colocada em um receptáculo e conectada às linhas arterial e venosa. A câmara de bolhas venosa é ligada a um manômetro e a um interruptor. O recipiente de banho é enchido com água a 37 °C, acrescentando-se concentrado do dialisato. O sistema é preparado com soro fisiológico heparinizado, as linhas são conectadas ao paciente e é iniciada a diálise. A heparina é injetada em uma dose inicial de 50 a 100 mg, sendo feitos ajustes adicionais de acordo com os tempos de coagulação.

Durante o procedimento de hemodiálise, o paciente está sujeito a complicações técnicas ou clínicas.

Complicações técnicas

A *ruptura da membrana* pode ocorrer em virtude de orifícios ou por causa da obstrução súbita do escoamento.

A *coagulação nas alças da hélice* resulta da insuficiência de heparina. Ela pode ocorrer subitamente.

O *líquido dialisador inadequadamente preparado* ocorre por erro humano ou por causa da falha do equipamento automático.

O *mau suprimento arterial* pode ser devido a espasmo, pequeno calibre arterial etc. A bomba deve ser retardada, porque pode aspirar o ar e, pela pressão negativa, causar embolia.

A *obstrução venosa* pode resultar de dobra, espasmo ou coagulação. Ela aumenta a pressão de escoamento do dialisador e, se não for corrigida, causa ruptura da membrana.

Complicações clínicas

Mal-estar; vômitos, câimbras e cefaleias eram observados frequentemente com os primeiros dialisadores, mas a ocorrência desses sintomas tornou-se menos comum.

A *hipotensão* é usualmente devida à excessiva ultrafiltração, mas pode ser causada por outros problemas médicos.

A *hipertensão* constitui usualmente uma manifestação da doença subjacente, mas pode ser agravada pela administração de líquido.

A *síndrome de desequilíbrio,* caracterizada por tontura, confusão, cefaleia, vômito ou convulsão, ocorre quando as alterações bioquímicas da uremia são corrigidas rapidamente.

Convulsões podem ser devidas a hipertensão, desequilíbrio eletrolítico, acidose ou anoxia.

A *infecção das derivações* pode conduzir à septicemia severa.

Um paciente em um programa de hemodiálise deve observar uma dieta alimentar adequada, para que o procedimento atinja seu objetivo – a manutenção da vida.

Sob diálise de manutenção, um paciente deve ingerir uma dieta rica em calorias – duas a três mil – fornecidas principalmente sob a forma de gordura e carboidrato. A maioria dos programas permite 30 a 50 g de proteínas por dia. A ingestão de líquido é geralmente limitada, para permitir um ganho de peso de não mais que 0,5 kg por dia. A hipertensão deve ser tratada pela restrição de água e sal. Geralmente são prescritos suplementos vitamínicos.

Fora as complicações advindas do tratamento em si, um paciente sob regime de hemodiálise está sujeito às de seu quadro clínico – as patologias secundárias, que podem resultar da própria diálise, da diálise inadequada ou de uma continuação do processo urêmico.

Sintomas gerais, tais como mal-estar, fadiga, insônia, perda de peso e incapacidade de crescimento ou atrofia muscular podem ser devidos a diálise inadequada, má nutrição, infecção da derivação ou problemas psicológicos.

O prurido é difícil de tratar, sendo apenas parcialmente prolongado pelo tempo da diálise.

A hepatite tem ocorrido esporadicamente ou em epidemia, e tem afetado pacientes e o pessoal da assistência. Pode ocorrer a hepatite infecciosa e a do soro. A prevenção inclui emprego de sangue congelado, redução nas transfusões e rigorosa higiene na sala de diálise.

A anemia é devida a um defeito na incorporação de ferro pela hemácia.

A hipertensão pode constituir um problema sério em muitos pacientes. Alguns podem ser tratados com rigorosa restrição de sal e água, outros já respondem mal a essa terapêutica.

Acidentes vasculares cerebrais constituem o resultado da angiopatia e hipertensão. Também foram descritos fenômenos embólicos, que podem ser causados pela injeção intra-arterial de líquidos utilizada para descoagular derivações.[3]

Apesar de representar um avanço, o tratamento por hemodiálise não propicia ao paciente um estado de saúde tal qual ele tinha antes de ser urêmico. Pode-se dizer que, em muitas instâncias, a hemodiálise dá a oportunidade aos pacientes de continuarem vivendo, quase ressuscitando-os de uma morte próxima, mas mantendo-os também intermitentemente azotêmicos, severa e cronicamente anêmicos e sujeitos a inúmeras complicações decorrentes da persistente parada renal e do tratamento em si.[4]

Quaisquer problemas no sangue ou na máquina acionam os sistemas de alarmes – são estes que assinalam as emergências e são percebidos, como já foi dito, pelo próprio paciente e pelos demais, denunciando dificuldades ameaçadoras.

Os pacientes sabem que uma simples desconexão de tubos durante o processo de filtragem pode resultar em sua morte num curto período de tempo.

Resumindo: podemos dizer que em cada sessão de hemodiálise há o confronto direto da vida com a morte.

III. O paciente em hemodiálise

Muitas questões surgem quando se fala do paciente renal crônico em sistema de hemodiálise, que vão se estendendo e entrelaçando desde esferas sociais até as econômicas, de orgânicas a psicológicas, de culturais a éticas. Nossa intenção é fazer um esboço de algumas dessas questões, com o intuito de mostrar as condições desse paciente terminal.

Em geral, os pacientes em hemodiálise vivenciam muitas perdas e vislumbram outras tantas. Perderam suas atividades escolares, domésticas ou profissionais. Outros tiveram que se afastar de empregos, passando a depender dos benefícios da Previdência Social, fato que os leva, invariavelmente, à perda da segurança financeira. Perderam as funções físicas, como o vigor e a resistência ao lazer, incluindo as atividades sexuais. Eles têm perda de independência e liberdade em função do tratamento e das intercorrências que muitas vezes os confinam em casa ou no hospital, acamados.

Partindo dessa realidade, Reichsman e Levy[5] descreveram os estágios de adaptação para a manutenção da hemodiálise pelos quais passam alguns pacientes. Esses estágios foram denominados:

1. período de "lua de mel";
2. período de desencanto e desencorajamento; e
3. período de adaptação.

O período de "lua de mel" foi definido como aquele marcado por acentuada melhora física e emocional, sentida pelo paciente. Esse sentimento é acompanhado por uma necessidade de gozar a vida, de confiança e esperança.

Durante esse estágio muitos pacientes aceitam facilmente e com gratidão sua dependência da "máquina", do procedimento e do *staff* profissional. Poucas são as expressões de desprazer.

A "lua de mel" não é clara para a maioria dos pacientes. Todos eles vivenciam repetidos e intensos episódios de ansiedade com relação à sua hemodiálise. A grande maioria tem sérias dificuldades para dormir, por períodos que variam de dois meses a um ano, ansiosas e com receio de que alguma falha técnica possa ocorrer com a derivação ou com a "máquina".

Outra manifestação de ansiedade, como reação aos estresses da diálise, é a ocorrência visível de masturbação em muitos dos pacientes masculinos durante os primeiros meses de diálise. Esses pacientes relatam que é uma maneira de se esquecerem dos perigos do procedimento.

Durante a "lua de mel" outros sentimentos são vivenciados em resposta aos estresses, que não são da diálise – expectativa de vida, sua habilitação para voltar ao trabalho e vários outros fatores particulares de cada paciente.

Em alguns dos pacientes observados durante o período de "lua de mel" foi notada uma significativa mudança em seu estado afetivo – abrupta em uns, gradual em outros – que foi denominada de período de desencanto e desencorajamento. Os sentimentos de contentamento, confiança e esperança decresceram significativamente ou mesmo desapareceram. No lugar deles, os pacientes começaram a sentir-se abatidos e desamparados.

Os pacientes mostraram uma clara e definida relação entre o princípio desse período e o acontecimento de um evento estressante precedente, específico – evento planejado ou relacionado a uma atividade doméstica ou profissional.

Os efeitos depressivos, associados à mudança de vida, repetem as complicações físicas relacionadas com a diálise e com a derivação. Outros efeitos observados nesse período são os sentimentos de tristeza e abandono. Irritação e angústia ocorrem frequentemente. E, em alguns pacientes, de forma intensa, particularmente em relação ao pessoal da unidade de hemodiálise.

O estágio seguinte, de adaptação, surge de forma gradual com a também gradual aceitação, pelo paciente, de suas limitações, deficiências e complicações inerentes à hemodiálise. Esse estágio é marcado por flutuações no estado emocional e físico. Todos os pacientes vivenciam prolongados períodos de contentamento, alternados com episódios variados de depressão.

As complicações com a derivação continuam a ocorrer durante esse período, mas com uma frequência menor do que durante o período anterior. Os estresses na vida dos pacientes geralmente estão relacionados com situações de trabalho e também com uma vasta gama de perdas – reais, esperadas ou fantasiadas.

Durante esse período sua dependência da máquina, do procedimento e do *staff* da unidade de hemodiálise é sentida de forma aguda. Repetidamente expressa sua angústia atribuída aos inconvenientes e às limitações de vida, quando em diálise. Nesse estágio, também, sua angústia e agressão são frequentemente dirigidas de forma aberta ao pessoal da unidade. Verbaliza seu desprazer com relação a cuidados e atenção insuficientes. Suas expressões deixam clara a necessidade de mais ajuda e suporte da unidade, principalmente em relação a oportunidades de trabalho, suporte financeiro ou apoio de cônjuge ou outro membro da família. Não se esquivam da independência, mas buscam mais apoio.

As manifestações de agressão podem limitar-se a níveis verbais, mas alguns dos pacientes agem de forma agressiva, chegando atrasados às sessões de diálise, não seguindo as instruções de cuidados concernentes à derivação ou não obedecendo às prescrições da dieta.

Apesar dessas dificuldades, muitos pacientes adaptam-se a esse modo de vida, quando se sentem úteis (iniciam alguma atividade) ou não dão trabalho aos demais.

Outros estudos foram realizados analisando especificamente os estresses vividos pelos pacientes que vitimam a maior parte desse grupo.

Wright, Sano e Livingston[6] dividiram as tensões psicológicas da hemodiálise em três grupos. Em primeiro lugar, há as perdas reais ou os perigos de perda. Há perdas de função corporal devidas a fraqueza e complicações em múltiplos sistemas orgânicos. Empregos podem ser perdidos e mesmo haver queda de produtividade. Os gastos com a doença conduzem a uma perda de segurança financeira. O segundo grupo de tensões refere-se à lesão ou ameaça de lesão. Muitas intervenções cirúrgicas são, às vezes, necessárias para rever as derivações externas e mudar suas localizações. Se são usadas derivações internas, os pacientes devem enfrentar a expectativa de serem furados com uma agulha grossa no início de cada sessão. O terceiro grupo de tensões refere-se à frustração de impulsos instintivos. As restrições dietéticas levam à perda das gratificações que acompanham o ato de comer.

Segundo estudos de Levy,[7] os estresses gerando conflitos, somados às experiências vividas pelos pacientes, resultam em um dos problemas psicológicos mais comuns, que é a depressão. Essa sintomatologia pode ser observada em diferentes situações – logo no início do processo de uremia, quando inicia o programa de hemodiálise –, de forma muito acentuada. Trata-se, em parte, de uma resposta do paciente, de desespero perante a morte, simultaneamente com a evolução da uremia, associada a uma gama variada de problemas (as complicações em seu estado de saúde, problemas sexuais, conjugais, profissionais etc.). Durante o tratamento, a depressão é sentida novamente quando o paciente começa a planejar, ou mesmo quando se empenha em alguma atividade extra – trabalho, escola etc.

Comum também nesses pacientes são os problemas sexuais. Dados apresentados pelo Dr. Levy[8] em estudo realizado em 287 pacientes de hemodiálise mostram claramente uma deterioração na função sexual*** à medida que os pacientes passaram de pré-urêmicos a sintomáticos de uremia. Entretanto, ao passar de uremia não tratada ao tratamento pela hemodiálise ocorreu uma piora da função sexual em 35% dos homens e em 24% das mulheres. Somente 9% dos homens e 6% das mulheres experimentaram melhora na função sexual quando sob hemodiálise. Assim, em uma situação de melhora física, um grupo de pacientes sofreu piora da função sexual.

As hipóteses levantadas com relação a essas disfunções abarcam não só a enfermidade física, uma vez que esses pacientes são intermitentemente urêmicos,

---

*** A função sexual foi medida quanto à frequência das relações sexuais, à incidência de impotência no homem e à frequência do orgasmo durante o coito na mulher.

cronicamente anêmicos e frequentemente sofrem de complicações subjacentes à enfermidade e ao tratamento, como também as razões psicológicas – o sentimento de dependência total, em função da dependência real do procedimento da hemodiálise, a impotência perante ele mesmo e os outros, na medida em que em muitos casos há a inversão de papéis na família, quando, diante das necessidades financeiras, cabe ao cônjuge sadio ir trabalhar fora de casa, restando ao paciente algumas atividades domésticas; além da depressão, que tem concomitantes físicos que incluem o interesse e a capacidade sexual diminuídos.

Outra questão que surge é a do suicídio. Estudos realizados nos Estados Unidos[9] mostram que o paciente em hemodiálise se suicida cem vezes mais que a população em geral, e, se forem consideradas as mortes devido ao não cumprimento do regime medicamentoso, esse número se eleva para 400 vezes mais!

Esses números são alarmantes, o que torna a questão do suicídio nesse grupo de pacientes mais um problema a ser considerado e cuidado. Muitos pacientes em programas de hemodiálise falam de suicídio de uma forma ou de outra. Nem todos o cometem, mas uma relativa quantidade o faz de diferentes modos ainda que ativa ou passivamente. As formas "passivas" consistem no afastamento do programa de diálise e na inabilidade ou recusa de seguir o regime medicamentoso. A forma "ativa" inclui tentativas de suicídio nas formas: desligar a derivação, excesso de medicação, uso de armas de fogo etc.

De um trabalho realizado com 3.478 pacientes, de 201 centros de hemodiálise nos Estados Unidos, Abram[10] apresenta os seguintes resultados: 29 pacientes afastaram-se do programa, 117 morreram por não cumprimento do regime medicamentoso, 20 cometeram suicídio e outros 17 o tentaram sem sucesso. Houve também nove "mortes acidentais" por problemas nas derivações, 37 "mortes inexplicadas" e 107 "acidentes" (como problemas nas derivações) sem mortes. Se excluirmos as "mortes acidentais" e as "inexplicadas", temos os dados de que 166 pacientes, ou um em 20 aproximadamente, acabam com suas vidas cometendo suicídio "ativo" ou "passivo".[11]

O risco de suicídio deve ser avaliado nos pacientes de diálise que desenvolvem depressões graves ou moderadamente graves. Alguns confessam pensamentos suicidas; outros devem ser inquiridos a respeito. Os pacientes não se ofendem se são interrogados com tato.[12]

IV. Proposta terapêutica

A nosso ver, e pelo exposto até aqui, é fácil concluir que o paciente renal crônico necessita muito mais do que vem recebendo até então – a simples manutenção de um estado físico. No entanto, qualquer proposta de terapia psicológica deve abranger todos os profissionais que lidam diretamente com o paciente.

A proposta que temos é de uma equipe interdisciplinar composta de nefrologista, assistente social, enfermeira, psicólogo e nutricionista. Com esses profissionais acreditamos abranger diferentes áreas nas quais o paciente tem problemas.

O papel do psicólogo deve objetivar trabalho com o paciente, a família, além da equipe.

No trabalho com os pacientes, deve lembrar que o importante para eles é sentirem-se livres para expressar seus sentimentos de ansiedade, dor, desconforto e frustrações relacionados com a diálise. Se esses sentimentos não forem expressados, ou melhor, se não é dada a oportunidade de reflexão, há sempre o perigo de que o paciente os dirija contra si próprio, por meio de comportamentos autodestrutivos. E que também os projete em outras pessoas, ou seja, que desvie, por exemplo, para membros da família esses sentimentos, complicando ainda mais as situações familiares bastante difíceis.

De acordo com Levy, como no caso de outras enfermidades crônicas, os pacientes com nefropatias em estado terminal variam grandemente no grau segundo o qual podem reassumir as atividades vitais que tinham antes de caírem doentes. Entretanto, diversamente de muitas enfermidades crônicas, o tratamento por si só produz incapacidade e jamais habilita a vítima a sustentar o estado físico que tinha antes de adoecer. Assim, se for usada a definição de dicionário de reabilitação, "restaurar a uma condição de saúde para uma atividade útil e construtiva", é preciso concluir-se que para a maioria desses pacientes sob hemodiálise a reabilitação em geral é apenas um objetivo limitado.[13]

Assim, fica implícito que cabe ao psicólogo conhecer a história do paciente em termos ocupacionais, familiares, para estar atento caso ele esteja se impondo, ou mesmo vivendo sob expectativas irreais com relação a seu modo de vida. O paciente poderá adquirir uma nova percepção de sua realidade, podendo até mesmo transformá-la sem, contudo, perder os parâmetros de suas limitações.

O estabelecimento desses objetivos, particulares a cada caso, pode ser feito a partir de entrevistas realizadas com o paciente – uma ou duas entrevistas por semana – ou durante a sessão de diálise, não esquecendo sua limitação física. Áreas como problemas físicos, dieta e ingestão de líquidos, trabalho ou escola, problemas financeiros, atividades recreativas, relações familiares e problemas emocionais devem ser abordadas numa amplitude multidisciplinar.

A hemodiálise é difícil para os membros da família como o é para os pacientes. As tensões repetidas, os desapontamentos e a incerteza sobre o futuro são participados pelos cônjuges, por exemplo, o que eleva a necessidade de membros importantes da família serem vistos, abordando-se questões que são discutidas com os pacientes. Também deve ser avaliada a reação da família diante da doença, o apoio emocional recebido pelo paciente e que tipo de ajuda poderá ser esperada.

A hemodiálise crônica não constitui situação de tensão apenas para os pacientes e suas famílias; exige também demasiado dos membros da equipe. Cuidar de pacientes em diálise é uma experiência compensadora quando as coisas vão bem, porém é tarefa difícil quando as coisas vão mal. A equipe trabalha com um pequeno número de pacientes e tem um intenso contato com eles por longos períodos. Eles aprendem fatos sobre a vida dos pacientes e passam a conhecer suas famílias. Veem pacientes, a quem conheceram bem e de quem gostam, apresentarem complicações e morrerem.[14]

A nosso ver, reuniões semanais com todo o pessoal que lida com os pacientes são de grande valia. Focalizam-se, além dos problemas médicos, os aspectos psicológicos e de reabilitação da diálise; os problemas que a equipe tenha observado nos pacientes ou as dificuldades que esteja encontrando no trato com eles. Nesse tipo de reunião, o objetivo maior é o paciente. As questões particulares de um ou de outro membro da equipe devem ser discutidas na medida em que interfiram no tratamento do paciente.

Halper[15] apresenta algumas conclusões que obteve em um programa de hemodiálise, com reuniões do tipo proposto anteriormente, em que dois fatores ajudaram a reduzir o número e a gravidade dos problemas no programa. O primeiro é uma atitude de confiança por parte da equipe, que desenvolveu uma maneira de fazer algo para ajudar a cada um dos pacientes, seja qual for a gravidade de seus problemas. As metas são individualizadas para cada paciente, porém flexíveis. A condição médica dos pacientes em diálise muda frequentemente, e os objetivos mudam proporcionalmente. Em alguns casos, os objetivos são, na verdade, ambiciosos. Podemos fazer com que alguns deles retornem a uma vida relativamente normal, tornando-se capazes de trabalhar e tirar férias. Em outros casos, os pacientes podem obter apenas um limitado grau de reabilitação, porém ainda conseguem ter prazer nas relações familiares e nas visitas a amigos. Em certos casos, pouco se pode oferecer além de algum grau de conforto e a segurança que advém do conhecimento de que, aconteça o que acontecer, eles serão tratados.

E, finalizando, o segundo fator é a atitude de aceitação da equipe em relação a problemas emocionais que surgem. Ela passa a ter uma tolerância bastante alta com os pacientes que manifestam sua infelicidade. Isso é particularmente importante em relação a sentimentos de ódio ao programa da diálise ou à equipe por parte dos pacientes.

Referências bibliográficas

1. HOLDEN, M. O. Dialysis or death: the ethical alternatives. *Health and social work*, v. 5, n. 2, p. 18-21, May 1980.
2. LOHMANN, R. et al. Psychopathology and psychotherapy in chronic physically III patients. *Psychother Psychosom*, v. 1, p. 267-276, 1979.
3. GEORGE DUNEA, M. B. Diálise peritoneal e hemodiálise. In: YAHR, M. D. (ed.) *Clínica médica da América do Norte*. Rio de Janeiro: Guanabara-Koogan, 1971.
4. LEVY, N. B. Psychological problems of the patient on hemodialisis and their treatment. *Psychother Psychosom*, v. 31, p. 260, 1979.
5. REICHSMAN, F.; LEVY, N. B. Problems in adaptation to maintenance hemodialysis. In: MOSS, R. H. (ed.). *Coping with physical illness*. New York: Plenum Medical Book Company, 1977.
6. WRIGHT, R. C.; SANO, P.; LIVINGSTON, G. Psychological stress during hemodialysis for chronic renal fallure. *Am. Intem. Med.*, v. 3, p. 611-621, 1966.
7. LEVY, op. cit., 1979.
8. LEVY, N. B. Aspectos psicológicos de pacientes sob hemodiálise no Downstate Medical Center. In: REIDENBERG, M. M. *Clínicas Médicas da América do Norte*. Rio de Janeiro: Interamericana Ltda., 1977.
9. LEVY, op. cit., 1977.
10. ABRAM, H. S. Survival by machine: the psychological stress of chronic hemodialysis. In: MOSS, R. H. (ed.). *Coping with Physical lllness*. New York: Plenum Medical Book Company, 1977.
11. Ibidem.
12. ABRAM, H. S.; MOOZE, G. L.; WESTERVELT, F. B. Suicidal behavior in chronic dialysis patients. *Am. J. Psychiat.*, v. 127, p. 1199-1204, 1971.

13. LEVY, op. cit., 1977.
14. HALPER, I. S. Observações psiquiátricas em um programa de hemodiálise crônica. In: YAHR, M. D. (ed.). *Clínica médica da América do Norte*. Rio de Janeiro: Guanabara-Koogan, 1971.
15. Ibidem.

Sobre os autores

Heloisa Benevides de Carvalho Chiattone é psicóloga com especialização em psicologia hospitalar e mestre em psicologia clínica. Atua como chefe do Serviço de Psicologia Hospitalar do Hospital Brigadeiro e do Hospital do Servidor Público Municipal e como coordenadora do Núcleo de Psicologia da Saúde e Hospitalar do Nemeton.

Marli Rosani Meleti é psicóloga, foi responsável pelo Serviço de Psicologia Hospitalar do Hospital São Camilo, de 1984 a 1988, e é professora do Curso de Formação em Psicoterapia Fenomenológico-Existencial do Centro de Psicoterapia Existencial.

Valdemar Augusto Angerami é psicoterapeuta, professor de psicologia da saúde na PUC-SP, professor no curso de psicologia fenomenológico-existencial na PUC-MG e no curso de psicologia da saúde na UFRN; coordenador do Centro de Psicoterapia Existencial. É o autor com o maior número de livros publicados no Brasil e adotados nas principais universidades de Portugal, México, Espanha e Canadá.